Fahl/Wi

Meinungsstreite Straf

W0305084

Meinungsstreite Strafrecht AT und BT/1

Examensrelevante Probleme – Meinungen
Argumente, §§ 1–210 StGB

von

Dr. Christian Fahl
o. Professor an der Universität Greifswald

und

Dr. Klaus Winkler
Rechtsanwalt in München
Lehrbeauftragter an der Universität Augsburg

3. Auflage 2015

C.H.BECK

www.beck.de

ISBN 978 3 406 67569 0

© 2015 Verlag C.H.Beck oHG
Wilhelmstraße 9, 80801 München
Druck: Nomos Verlagsgesellschaft
In den Lissen 12, 76547 Sinzheim

Satz: DTP-Vorlagen der Autoren

Gedruckt auf säurefreiem, alterungsbeständigem Papier
(hergestellt aus chlorfrei gebleichtem Zellstoff)

Vorwort

Dieses Büchlein soll Studierende aller Semester sowie Referendarinnen und Referendare beim Wiederholen und Vertiefen strafrechtlicher Standardprobleme unterstützen. Es ist der erste Teil der in derselben Reihe erschienenen „Meinungsstreite zum Strafrecht BT/2 sowie der „Meinungsstreite zum Strafrecht BT/3“. Als ideale Ergänzung eignet sich der ebenfalls in der Reihe Jurakompakt erschienene Band „Definitionen und Schemata Strafrecht“.

Für die vielen guten Anmerkungen von Leserinnen und Lesern der ersten und zweiten Auflage möchten wir uns an dieser Stelle sehr herzlich bedanken. Über konstruktive Kritik und weitere Verbesserungsvorschläge freuen wir uns auch weiterhin unter jurakompakt@beck.de.

Allen Leserinnen und Lesern wünschen wir ein effizientes Lernen und viel Glück und Erfolg für die Prüfungen!

Greifswald/München, im Januar 2015

Christian Fahl
Klaus Winkler

Zum Gebrauch

Meinungsstreite kommen nur an einer Stelle der Klausur und Hausarbeit vor, nämlich dort, wo es mehrere Auslegungen gibt oder mehrere Auslegungen möglich erscheinen. Dann muss entschieden werden, welche die richtige ist, bevor der Subsumtionsvorgang mit der Conclusio („Also ist x gegeben/nicht gegeben“) abgeschlossen werden kann – es sei denn, sie führen in concreto zu demselben Ergebnis, dann kann der Streit im Ergebnis (aber auch nur im Ergebnis) „offen“ bleiben. Da es dabei immer um die richtige Auslegung (eines Wortes, eines Satzes, eines ganzen Gesetzes) geht, sind Bezugnahmen auf die konkret handelnden Personen hier (wie auch bei der Definition eines Merkmals) zu vermeiden und der Streit immer abstrakt – d.h. losgelöst (vom Sachverhalt) – zu entscheiden (richtig: „Eine Meinung verlangt, dass der Täter …“; falsch: „Eine Meinung verlangt, dass der A …“). Erst bei der Subsumtion des Sachverhaltes unter den durch die Definition oder den Meinungsstreit konkretisierten Obersatz dürfen wieder Teile des ausgeteilten Sachverhaltstextes auftauchen. Bei der Darstellung von Meinungsstreitigkeiten sollte man nicht gleich mit der Tür ins Haus fallen, sondern zunächst einmal sagen, worin das Problem liegt. Das kann mit einer (abstrakt formulierten) Frage geschehen („Fraglich ist, wie der Hintermann zu bestrafen ist, wenn sich der Vordermann irrt“) oder auch nur mit einem Stichwort, wenn das Problem darunter bekannt ist („error in persona“). Als nächstes kann noch der Satz folgen: „Das ist streitig“ (zur Abwechslung: „umstritten“, oder falls man darüber nur streiten kann, aber gar nicht streitet, „zweifelhaft“). Außerdem braucht man dafür mindestens zwei Meinungen oder Möglichkeiten (hier: „e.M.“, „a.M.“ für „eine Meinung, andere Meinung“) und ein Argument gegen die erste und für die zweite (hier: „(dagg.)“ für: „Dagegen spricht aber …“). Dann noch kurz die Conclusio (siehe oben) und schon kann man sich dem nächsten Tatbestandsmerkmal zuwenden usw. Dass es (natürlich) auch Argumente gegen die zweite Meinung gibt – sonst würde ja die erste Meinung nicht existieren (besser nicht „M.M.“, sondern neutral „andere Meinung“, es könnte ja sein, dass ausgerechnet unser Korrektor ihr anhängt) – unterschlagen wir am besten. Andernfalls benötigten wir aus logischen Gründen, um weiterzukommen, ein weiteres Argument, das dieses wieder entkräftet (und damit entweder wieder für diese Meinung oder für eine dritte spricht). Am besten beginnt man – wie bei Tatbeständen, z.B. bei der Abgrenzung von Betrug und Diebstahl, mit dem, was man ablehnt. Dazu muss man freilich vorher wissen, welcher Meinung man folgen möchte. Dabei hilft die Erstellung einer Lösungsskizze vor der Niederschrift. Will man auf Nummer sicher gehen, folgt man der „h.M.“, die deshalb meistens unten steht. Doch sollte man diese nicht so nennen, weil es erstens kein Argument ist, dass eine Meinung von der Mehrzahl vertreten wird, und zweitens niemand so genau sagen kann, ob es so ist. Man kann den (jeden!) Streit aber auch „umdrehen“, also die im Buch als letzte Meinung dargestellte voranstellen, ablehnen und der ersten folgen: Dafür braucht man dann dasjenige Argument, das für diese Meinung spricht und hier gelegentlich mit „(arg.)“ für „argumentum“ bezeichnet wird (manchmal aber auch in der Darstellung dieser Meinung, häufig hinter einem Semikolon, versteckt ist). Innerhalb derselben Klausur oder Hausarbeit darf man aber nicht einmal dieser und ein anderes Mal der anderen Meinung folgen!

Inhaltsverzeichnis

Abkürzungs- und Literaturverzeichnis

Abs.	Absatz
Alt.	Alternative(n)
a.F.	alte Fassung
AG	Aktiengesellschaft
AGB	Allgemeine Geschäftsbedingungen
AktG	Aktiengesetz
a.M.	andere Meinung (oder Möglichkeit)
AO	Abgabenordnung
arg.	Argument(um)
AT	Allgemeiner Teil
Aufl.	Auflage
BAK	Blutalkoholkonzentration
Baumann/Weber/Mitsch, AT	*Baumann, Jürgen/Weber, Ulrich/Mitsch, Wolfgang*, Strafrecht Allgemeiner Teil, 11. Aufl. 2003 (zit. nach § und Rn.)
Bd.	Band
BeamtStG	Beamtenstatusgesetz
Bearb.	Bearbeiter
Beulke, KK I–III	*Beulke, Werner*, Klausurenkurs im Strafrecht, Ein Fall- und Repetitionsbuch, Bd. I: für Anfänger, 6. Aufl. 2013; Bd. II: für Fortgeschrittene, 2. Aufl. 2010; Bd. III: für Examenskandidaten, 4. Aufl. 2013 (zit. nach Rn.)
BGB	Bürgerliches Gesetzbuch
Bock	*Bock, Dennis*, Wiederholungs- und Vertiefungskurs Strafrecht, Allgemeiner Teil, 1. Aufl. 2013; Besonderer Teil, Nichtvermögensdelikte, 1. Aufl. 2013; Besonderer Teil, Vermögensdelikte, 1. Aufl. 2013 (zit. nach Seite)
BT	Besonderer Teil
bzgl.	bezüglich
bzw.	beziehungsweise
ca.	circa
CR	Computer und Recht
dagg.	dagegen (Gegenargument)
ders.	derselbe
d.h.	das heißt
dies.	dieselbe(n)
Eisele, BT/1, BT/2	*Eisele, Jörg*, Strafrecht Besonderer Teil, Bd. I: Straftaten gegen die Person und die Allgemein-

	heit, 2. Aufl. 2012; Bd. II: Eigentums- und Vermögensdelikte, 2. Aufl. 2012 (zit. nach Rn.)
e.M.	eine Meinung
etc.	et cetera
evtl.	eventuell
f.	folgende(r)
ff.	folgende
Fahl/Winkler, Definitionen	*Fahl, Christian/Winkler, Klaus*, Definitionen und Schemata Strafrecht, 6. Aufl. 2015 (zit. nach Rn.)
Fischer	*Fischer, Thomas*, Strafgesetzbuch, Kommentar, 61. Aufl. 2014 (zit. nach § und Rn.)
Freund, AT	*Freund, Georg*, Strafrecht Allgemeiner Teil, 2. Aufl. 2009 (zit. nach § und Rn.)
Frister, AT	*Frister, Helmut*, Strafrecht Allgemeiner Teil, 6. Aufl. 2013 (zit. nach Kap. und Rn.)
gem.	gemäß
GG	Grundgesetz
ggf.	gegebenenfalls
GmbH	Gesellschaft mit beschränkter Haftung
Gössel/Dölling, BT/1	*Gössel, Karl Heinz/Dölling, Dieter*, Strafrecht Besonderer Teil, Bd. I: Straftaten gegen Persönlichkeits- und Gemeinschaftswerte, 2. Aufl. 2004 (zit. nach § und Rn.)
grds.	grundsätzlich
Gropp, AT	*Gropp, Walter*, Strafrecht Allgemeiner Teil, 3. Aufl. 2005 (zit. nach § und Rn.)
Haft, AT	*Haft, Fritjof*, Strafrecht Allgemeiner Teil, 9. Aufl. 2004 (zit. nach S.)
Haft/Hilgendorf, BT/1	*Haft, Fritjof/Hilgendorf, Eric*, Strafrecht Besonderer Teil, Bd. I: Vermögensdelikte, 9. Aufl. 2009 (zit. nach S.)
Heinrich, AT	*Heinrich, Bernd*, Strafrecht Allgemeiner Teil, 3. Aufl. 2012 (zit. nach Rn.)
Hilgendorf, KK I–III	*Hilgendorf, Eric*, Klausurenkurs, Fälle zum Strafrecht, Bd. I: für Anfänger, 2. Aufl. 2013; Bd. II: für Fortgeschrittene, 2. Aufl. 2014; Bd. III: für Examenskandidaten, 1. Aufl. 2010 (zit. nach Fall und Rn.)
Hillenkamp, Probleme AT, Probleme BT	*Hillenkamp, Thomas*, 32 Probleme aus dem Strafrecht, Allgemeiner Teil, 14. Aufl. 2012; 40 Probleme aus dem Strafrecht, Besonderer Teil, 12. Aufl. 2013 (zit. nach Problem-Nr.)
HK-GS/*Bearb.*	*Dölling, Dieter/Duttge, Gunnar/Rössner, Dieter* (Hrsg.), Gesamtes Strafrecht, Handkommentar, 3. Aufl. 2013 (zit. nach § und Rn.)
h.L.	herrschende Lehre
h.M.	herrschende Meinung

Hrsg.	Herausgeber
HS	Halbsatz
inkl.	inklusive
insb.	insbesondere
i.d.R.	in der Regel
i.S.(d.)	im Sinne (der/des)
i.V.m.	in Verbindung mit
JA	Juristische Arbeitsblätter
JA-R	Juristische Arbeitsblätter Rechtsprechung
Jäger, AT, BT	*Jäger, Christian*, Examens-Repetitorium Strafrecht, Allgemeiner Teil, 6. Aufl. 2013; Besonderer Teil, 5. Aufl. 2013 (zit. nach Rn.)
Jakobs, AT	*Jakobs, Günther*, Strafrecht Allgemeiner Teil, 2. Aufl. 1991 (zit. nach Rn.)
JGG	Jugendgerichtsgesetz
Jescheck/Weigend, AT	*Jescheck, Hans-Heinrich/Weigend, Thomas*, Lehrbuch des Strafrechts: Allgemeiner Teil, 5. Aufl. 1996 (zit. nach §)
Joecks	*Joecks, Wolfgang*, Studienkommentar StGB, 10. Aufl. 2012 (zit. nach § und Rn.)
Jura	Juristische Ausbildung
JuS	Juristische Schulung
Kap.	Kapitel
Kindhäuser, AT, BT/1, BT/2	*Kindhäuser, Urs*, Strafrecht, Allgemeiner Teil, 6. Aufl. 2013; Besonderer Teil, Bd. I: Straftaten gegen Persönlichkeitsrechte, Staat und Gesellschaft, 6. Aufl. 2014; Besonderer Teil, Bd. II: Straftaten gegen Vermögensrechte, 8. Aufl. 2014 (zit. nach § und Rn.)
Kindhäuser, LPK	*Kindhäuser, Urs*, Strafgesetzbuch, Lehr- und Praxiskommentar, 5. Aufl. 2013 (zit. nach § und Rn.)
Krey/Esser, AT	*Krey, Volker/Esser, Robert*, Deutsches Strafrecht Allgemeiner Teil, 5. Aufl. 2012 (zit. nach Rn.)
Krey/Hellmann/Heinrich, BT/1, BT/2	*Krey, Volker/Hellmann, Uwe/Heinrich, Manfred*, Strafrecht Besonderer Teil, Bd. I: Besonderer Teil ohne Vermögensdelikte, 15. Aufl. 2012; Bd. II: Vermögensdelikte, 16. Aufl. 2012 (zit. nach Rn.)
Kudlich, AT, BT/1, BT/2	*Kudlich, Hans*, Strafrecht, Allgemeiner Teil, 4. Aufl. 2013; Besonderer Teil, Bd. I: Vermögensdelikte, 3. Aufl. 2013; Besonderer Teil, Bd. II: Delikte gegen die Person und die Allgemeinheit, 3. Aufl. 2013 (zit. nach Nr.)
Kühl, AT	*Kühl, Kristian*, Strafrecht Allgemeiner Teil, 7. Aufl. 2012 (zit. nach § und Rn.)
Küper, BT	*Küper, Wilfried*, Strafrecht Besonderer Teil, 8. Aufl. 2012 (zit. nach S.)

Küpper, BT/1	*Küpper*, *Georg*, Strafrecht Besonderer Teil, Bd. I: Delikte gegen Rechtsgüter der Person und Gemeinschaft, 3. Aufl. 2007 (zit. nach § und Rn.)
Lackner/Kühl	*Lackner*, *Karl/Kühl*, *Kristian*, Strafgesetzbuch, Kommentar, 28. Aufl. 2014 (zit. nach § und Rn.)
Lfg	Lieferung
LK/*Bearb.*	*Laufhütte*, *Heinrich Wilhelm/Rissing-van Saan*, *Ruth/Tiedemann*, *Klaus* (Hrsg.), Strafgesetzbuch: Leipziger Kommentar, 12. Aufl. 2006 (11. Aufl. 2003–2006) (zit. nach § und Rn.)
Maurach/Zipf, AT/1	*Maurach*, *Reinhart/Zipf*, *Heinz*, Strafrecht Allgemeiner Teil, Bd. I: Grundlehren des Strafrechts und Aufbau der Straftat, 8. Aufl. 1992 (zit. nach § und Rn.)
Maurach/Gössel/Zipf, AT/2	*Maurach*, *Reinhart/Gössel*, *Karl Heinz/Zipf*, *Heinz*, Strafrecht Allgemeiner Teil, Bd. II: Erscheinungsformen des Verbrechens und Rechtsfolgen der Tat, 7. Aufl. 1989 (zit. nach § und Rn.)
Maurach/Schroeder/ Maiwald, BT/1, BT/2	*Maurach*, *Reinhart/Schroeder*, *Friedrich-Christian/Maiwald*, *Manfred*, Strafrecht Besonderer Teil, Bd. I: Straftaten gegen Persönlichkeits- und Vermögenswerte, 10. Aufl. 2009; Bd. II: Straftaten gegen Gemeinschaftswerte, 10. Aufl. 2012 (zit. nach § und Rn.)
MRK	Europäische Konvention zum Schutze der Menschenrechte und Grundfreiheiten (Menschenrechtskonvention)
MüKo/*Bearb.*	*Joecks*, *Wolfgang/Miebach*, *Klaus* (Hrsg.), Münchener Kommentar zum Strafgesetzbuch, 2. Aufl. 2011 (zit. nach § und Rn.)
NJW	Neue Juristische Wochenzeitschrift
NStZ	Neue Zeitschrift für Strafrecht
NK/*Bearb.*	*Kindhäuser*, *Urs* / *Neumann*, *Ulfrid* / *Paeffgen*, *Hans-Ullrich* (Hrsg.), Strafgesetzbuch: Nomos-Kommentar, 4. Aufl. 2013 (zit. nach § und Rn.)
Nr.	Nummer
Otto, AT, BT	*Otto*, *Harro*, Grundkurs Strafrecht, Bd. I: Allgemeine Strafrechtslehre, 7. Aufl. 2004; Bd. II: Die einzelnen Delikte, 7. Aufl. 2005 (zit. nach § und Rn.)
Rengier, AT, BT/1, BT/2	*Rengier*, *Rudolf*, Strafrecht, Allgemeiner Teil, 5. Aufl. 2013; Besonderer Teil, Bd. I: Vermögensdelikte, 16. Aufl. 2014; Besonderer Teil, Bd. II: Delikte gegen die Person und die Allgemeinheit, 15. Aufl. 2014 (zit. nach § und Rn.)
Rn.	Randnummer

Rotsch	*Rotsch, Thomas*, Strafrechtliche Klausurenlehre, 1. Aufl. 2013 (zit. nach Rn.)
Roxin, AT/1, AT/2	*Roxin, Claus*, Strafrecht Allgemeiner Teil, Bd. I: Grundlagen, Der Aufbau der Verbrechenslehre, 4. Aufl. 2006; Bd. II: Besondere Erscheinungsformen der Straftat, 1. Aufl. 2003 (zit. nach § und Rn.)
Rspr.	Rechtsprechung
s.	siehe
S.	Satz/Seite
Schmidhäuser, BT	*Schmidhäuser, Eberhard*, Strafrecht Besonderer Teil, 2. Aufl. 1983 (zit. nach Rn.)
Schmidt, AT	*Schmidt, Rolf*, Strafrecht Allgemeiner Teil, 13. Aufl. 2014 (zit. nach Rn.)
Schmidt/Priebe, BT/1, BT/2	*Schmidt, Rolf/Priebe, Klaus*, Strafrecht Besonderer Teil, Bd. I: Straftaten gegen die Person und die Allgemeinheit, 13. Aufl. 2014; Bd. II: Straftaten gegen das Vermögen, 13. Aufl. 2014 (zit. nach Rn.)
Schönke/Schröder/*Bearb.*	*Schönke, Adolf/Schröder, Horst*, Strafgesetzbuch, Kommentar, 28. Aufl. 2010 (zit. nach § und Rn.)
SK/*Bearb.*	*Wolter, Jürgen* (Hrsg.), Systematischer Kommentar zum Strafgesetzbuch, Loseblatt, 8. Aufl., Stand: 140. Lfg. (Okt. 2013) (zit. nach § und Rn.)
s.o.	siehe oben
sog.	sogenannte(r)
SSW/*Bearb.*	*Satzger, Helmut/Schluckebier, Wilhelm/Widmaier, Günter* (Hrsg.), Strafgesetzbuch, Kommentar, 2. Aufl. 2014 (zit. nach § und Rn.)
StGB	Strafgesetzbuch
StPO	Strafprozessordnung
Stratenwerth/Kuhlen, AT	*Stratenwerth, Günther/Kuhlen, Lothar*, Strafrecht Allgemeiner Teil, 6. Aufl. 2011 (zit. nach § und Rn.)
StVO	Straßenverkehrsordnung
StVollzG	Strafvollzugsgesetz
str.	streitig/strittig
s.u.	siehe unten
TAN	Transaktionsnummer
u.a.	und andere/unter anderem
u.U.	unter Umständen
usw.	und so weiter
Var.	Variante
VG	Verwaltungsgericht
vgl.	vergleiche

Wessels/Beulke/Satzger	*Wessels, Johannes/Beulke, Werner/Satzger, Helmut*, Strafrecht Allgemeiner Teil, 43. Aufl. 2013 (zit. nach Rn.)
Wessels/Hettinger	*Wessels, Johannes/Hettinger, Michael*, Strafrecht Besonderer Teil, Bd. I: Straftaten gegen Persönlichkeits- und Gemeinschaftswerte, 37. Aufl. 2013 (zit. nach Rn.)
Wessels/Hillenkamp	*Wessels, Johannes/Hillenkamp, Thomas*, Strafrecht Besonderer Teil, Bd. II: Straftaten gegen Vermögenswerte, 36. Aufl. 2013 (zit. nach Rn.)
Wittig	*Wittig, Petra*, Wirtschaftsstrafrecht, 2. Aufl. 2011 (zit. nach § und Rn.)
z.B.	zum Beispiel
zit.	zitiert
ZPO	Zivilprozessordnung
ZStW	Zeitschrift für die gesamte Strafrechtswissenschaft

§§ ohne Gesetzesangabe sind solche des Strafgesetzbuchs.

Allgemeiner Teil

Vor § 1 Allgemeines

Allgemeines Aufbauschema 1

Vorprüfung

Anwendbarkeit deutschen Strafrechts

I. Tatbestand

1. Objektiver Tatbestand
   a) Täter (Tatsubjekt)
   b) Tatobjekt
   c) Tatmittel
   d) Tatsituation
   e) Tathandlung ⇨ *Rn. 2 f.*
   f) Taterfolg (bei Erfolgsdelikten; bei Gefährdungsdelikten: Gefährdung)
   g) Kausalität ⇨ *Rn. 3 ff.*
   h) Objektive Zurechnung ⇨ *Rn. 7 ff.*
2. Subjektiver Tatbestand
   a) Tatbestandsvorsatz ⇨ *Rn. 16*
   b) Spezielle Absichten (z.B. Zueignungsabsicht bei § 242)
   c) Sonstige besondere subjektive Merkmale (z.B. Mordlust bei § 211; Gewinnsucht bei § 330 etc.)
3. Tatbestandsannex: Objektive Bedingung der Strafbarkeit

II. Rechtswidrigkeit

1. Rechtfertigungsgründe, z.B.
   a) Rechtfertigende Einwilligung (mutmaßliche, hypothetische)
   b) Notwehr (§ 32 StGB, § 227 BGB)
   c) Notstand (zivilrechtlicher Aggressiv- und Defensivnotstand, §§ 228, 904 BGB; allgemeiner rechtfertigender Notstand, § 34 StGB, § 16 OWiG)
   d) Erlaubte Selbsthilfe, Besitzwehr (§§ 229, 561, 859, 1029 BGB)
   e) Wahrnehmung berechtigter Interessen bei Beleidigung, § 193
   f) Erziehungsrecht von Eltern und Erziehern

g) Festnahmerechte (§ 127 StPO, § 87 StVollzG)

h) Amtsbefugnisse (z.B. gem. §§ 81 ff. StPO, §§ 758, 808, 909 ZPO)

i) Rechtfertigende Pflichtenkollision

2. Besondere Rechtswidrigkeitsmerkmale (z.B. Verwerflichkeit in § 240)

III. Schuld

1. Schuldfähigkeit des Täters (§§ 19, 20, 21; actio libera in causa)

2. Persönliche Vorwerfbarkeit

a) Schuldvorsatz (insb. beim Erlaubnistatbestandsirrtum)

b) Unrechtsbewusstsein

aa) Verbotsirrtum (§ 17)

bb) Erlaubnisirrtum (§ 17 analog)

c) Fehlen von Entschuldigungsgründen

aa) Notwehrexzess (§ 33)

bb) Entschuldigender Notstand (§ 35)

cc) Übergesetzlicher entschuldigender Notstand

3. Besondere Schuldmerkmale (z.B. Rücksichtslosigkeit bei § 315c)

IV. Strafzumessung

(insb. Erfüllung von Regelbeispielen, z.B. § 243)

V. Strafwürdigkeit/Strafbedürftigkeit

1. Persönliche Strafausschließungs- oder Strafaufhebungsgründe (z.B. §§ 24, 31, 142 IV, 161 II)

2. Absehen von Strafe

VI. Strafverfolgungsvoraussetzungen und -hindernisse

(insb. Strafantrag, §§ 77 ff.; z.B. in § 123 II, § 230, § 303c)

Vor § 1 Handlung

Liegt eine Handlung vor, wenn ein Kraftfahrzeugführer bei der Abwehr einer Biene den Lenker verreißt?	– **h.M.:** Die Handlungsqualität fehlt nur bei Reflexen, nicht bei automatisierten Handlungen. **(arg.)** Nur bei Reflexen werden Reize gar nicht erst bis zum Gehirn weitergeleitet, sondern gleich zurückgegeben. **(dagg.)** Das macht wertungsmäßig keinen Unterschied. – **a.M.:** Die Handlungsqualität fehlt. **Zur Vertiefung:** *Kühl*, AT, § 2 Rn. 7 ff.	2

Vor § 1 Kausalität

Wann ist „durch" die Tat ein Erfolg herbeigeführt, der völlig außerhalb der Lebenswahrscheinlichkeit liegt?	– **e.M.:** (Äquivalenztheorie) Alle Bedingungen sind gleichwertig. **(dagg.)** Dann haben auch die Eltern und Großeltern des Täters bis zu Adam und Eva den Erfolg mit herbeigeführt. – **a.M.:** (Relevanztheorie) Nur die „relevanten" Handlungen zählen. **(dagg.)** Das ist zu unbestimmt. – **a.M.:** (Adäquanztheorie) Es kommt auf adäquat-kausale Verursachung an, so dass völlig atypische Kausalverläufe ausscheiden. **(dagg.)** Das wäre zu zivilrechtlich gedacht. – **h.M.:** Kausalität im naturwissenschaftlichen Sinne liegt nach der Conditio sine qua non-Formel vor, wenn die Handlung nicht hinweggedacht werden kann, ohne dass der Erfolg entfällt (Äquivalenztheorie), doch muss der Erfolg darüber hinaus auch objektiv zurechenbar sein, woran es hier fehlt (Lehre von der objektiven Zurechnung). **Zur Vertiefung:** *Roxin*, AT/1, § 11 Rn. 3 ff.; *Wessels/Beulke/Satzger*, Rn. 169 ff.	3

4	Wie machen sich zwei Täter strafbar, die unabhängig voneinander einem anderen, der daran stirbt, eine tödliche Menge Gift ins Essen geben (sog. Mehrfach- bzw. Doppelkausalität, alternative Kausalität)?	– **e.M.:** Da jede Handlung für sich hinweggedacht werden kann, ohne dass der Erfolg entfiele, ist keine der beiden Handlungen kausal, die Täter sind deshalb jeweils nur wegen Versuchs zu bestrafen. **(dagg.)** Es ist unbefriedigend, zwei Versuche anzunehmen, obwohl ein Vollendungserfolg vorliegt. – **a.M.:** Es kommt darauf an, ob der Erfolg „in seiner konkreten Gestalt" entfiele (abgewandelte „Conditio sine qua non-Formel"), da das Opfer mit der doppelten Dosis Gift im Körper gestorben ist, waren demzufolge beide Täter kausal, die deshalb jeweils wegen – in „Nebentäterschaft" begangenen – vollendeten Delikts zu bestrafen sind. **(dagg.)** Die „abgewandelte Conditio sine qua non-Formel" ist willkürlich und dient nur dazu, die gewünschten Ergebnisse zu begründen. Danach wäre auch der Maler kausal, der den Tatort frisch gestrichen hat. – **h.M.:** Für diesen Fall ist die Conditio sine qua non-Formel dahin abzuändern, dass von zwei (oder mehr) Bedingungen, die alternativ (jede für sich), aber nicht kumulativ (beide zusammen) hinweggedacht werden können, jede kausal ist. **Zur Vertiefung:** *Wessels/Beulke/Satzger*, Rn. 157
5	Wie machen sich zwei Täter strafbar, die unabhängig voneinander dem Opfer eine für sich nicht tödliche Menge Gift ins Essen gegeben haben, die aber zusammen genommen zum Tode führt (sog. kumulative Kausalität)?	– **e.M.:** Da keine der beiden Handlungen hinweggedacht werden kann, ohne dass der Erfolg entfiele, sind beide kausal, die Täter sind also jeder wegen vollendeten Delikts (in „Nebentäterschaft") zu bestrafen. **(dagg.)** Dabei würde nicht berücksichtigt, dass ein solcher Kausalverlauf völlig außerhalb der Lebenswahrscheinlichkeit liegt (s.o. Rn. 3). – **h.M.:** Daher ist der Erfolg keinem der beiden Täter objektiv zurechenbar (s.o. Rn. 3),

	die Täter sind daher nur jeweils wegen Versuchs (in „Nebentäterschaft") zu bestrafen. **Zur Vertiefung:** *Rengier*, AT, §13 Rn. 34; *Wessels/Beulke/Satzger*, Rn. 158	
Was gilt hinsichtlich der Kausalität bei Gremienentscheidungen, z.B. wenn der Vorstand beschließt, einen anderen zu verletzen (Lederspray-Fall)?	– **e.M.:** Es handelt sich um einen Fall kumulativer Kausalität (die objektive Zurechnung ist unproblematisch). **(dagg.)** Das gilt nur, wenn es gerade auf die fragliche Stimme ankam (bei knapper Mehrheit von einer Stimme oder bei Enthaltungen, die zur Beschlussfähigkeit geführt haben), löst aber nicht den Fall, dass die Mehrheitsverhältnisse so waren, dass die Stimme hinweggedacht werden kann, ohne dass der Erfolg entfiele (weil sich noch immer eine Mehrheit ergeben hätte). – **a.M.:** Es handelt sich um einen Fall alternativer (sog. Doppel- bzw. Mehrfach-) Kausalität, da die Ja-Stimmen zwar alternativ, aber nicht kumulativ hinweggedacht werden können, sind alle kausal. **(dagg.)** Damit fielen die Enthaltungen und Nein-Stimmen unter den Tisch (obwohl sie zur Beschlussfähigkeit beigetragen haben oder nur abgegeben wurden, weil schon eine ausreichende Mehrheit vorhanden war). – **a.M.:** Es handelt sich um eine Frage mittäterschaftlicher Zurechnung (§ 25 II), bei der das Abstimmungsresultat allen Mitstimmenden (und evtl. auch den der Abstimmung Ferngebliebenen) zugerechnet wird. **Zur Vertiefung:** *Beulke/Bachmann*, JuS 1992, 737; *Wessels/Beulke/Satzger*, Rn. 158a	**6**

Vor § 1 Objektive Zurechnung

Gibt es eine solche (weitere) Kategorie überhaupt?	– **e.M.:** Nein, das regelt der Vorsatz (subjektive Zurechnung). **(dagg.)** Dann wäre demjenigen nicht zu helfen, der seinen Widersacher ins Freie schickt, damit ihn der Blitz träfe.	**7**

		– **h.M.:** Ja, in bestimmten Fallgruppen fehlt es schon objektiv an der Zurechenbarkeit, insb. bei völlig atypischem Kausalverlauf (s.o. Rn. 3), allgemeinem Lebensrisiko, fehlendem Schutzzweckzusammenhang, eigenverantwortlicher Selbstgefährdung, bloßer Risikoverringerung (Lehre von der objektiven Zurechnung). **Zur Vertiefung:** *Wessels/Beulke/Satzger*, Rn. 176 ff.
8	Handelt es sich auch dann um eine bloße Risikoverringerung, wenn der Täter die eine Gefahr durch eine andere ersetzt?	– **e.M.:** Ja, auch dann fehlt die objektive Zurechenbarkeit. **(dagg.)** Wird eine Gefahr durch eine ganz andersartige Gefahr ersetzt, die sich realisiert, so kann man nicht mehr sagen, dass es nicht „das Werk" des Täters sei. – **h.M.:** Nein, dann greifen aber Rechtfertigungsgründe wie (mutmaßliche) Einwilligung, Notstand etc. **Zur Vertiefung:** *Wessels/Beulke/Satzger*, Rn. 195
9	Macht sich strafbar, wer eine „eigenverantwortete Selbstgefährdung" eines anderen (vorsätzlich oder fahrlässig) veranlasst, fördert oder ermöglicht, wenn sich das mit der Selbstgefährdung eingegangene Risiko realisiert?	– **e.M.:** Nein, die „Einwilligung" des Verletzten schließt die Haftung aus. **(dagg.)** „Einwilligung" in Tötung oder bei Sittenverstoß ist unwirksam. – **a.M.:** Nein, wegen „sozial-adäquaten" Verhaltens. **(dagg.)** Der Begriff ist zu unbestimmt. – **h.M.:** Nein, weil der „Schutzzweckzusammenhang" fehlt. **(arg.)** Sinn und Zweck der Norm ist es, das Opfer vor anderen und nicht vor sich selbst zu schützen. **Zur Vertiefung:** *Beulke/Mayer*, JuS 1987, 125 ff.; *Fahl*, JA 1998, 105
10	Gilt für den Ausschluss der Verantwortung nach dem Eigenverantwortlichkeitsprinzip etwas anderes, wenn der Täter Garant ist?	– **e.M.:** Ja, wenn der Garant schon die Pflicht zur Abwendung jeglichen Schadens hat, dann erst recht (argumentum a fortiori) bei eigenem Beitrag zur Gefährdung.

	(dagg.) Der Respekt vor dem freien Willens des Opfers ist unabhängig von der Mitwirkung an dessen Selbstgefährdung. – **h.M.:** Nein, Wesen der Garantenstellung ist der Schutz vor äußeren Gefahren und nicht der Schutz des Handelnden vor sich selbst. **Zur Vertiefung:** *Beulke*, KK III, Rn. 348 (77. Problem)	
Wann ist eine Selbstgefährdung „frei verantwortet“ bzw. „selbst verantwortet“?	– **e.M.:** analog § 3 JGG bei sittlicher und geistiger Reife **(arg.)** Dessen Wortlaut spricht ausdrücklich von „Verantwortlichkeit“. – **a.M.:** analog §§ 19, 20, 35 grds. ab einem Alter von 14 Jahren, es sei denn in besonderen Ausnahmesituationen **(arg.)** Es geht quasi um ein „Verschulden“ gegen sich selbst. – **a.M.:** bei Einwilligungsfähigkeit des Opfers **(arg.)** Es kommt wegen der sachlichen Nähe zur „Einwilligung“ (s.o. Rn. 9) nur auf die Mangelfreiheit der Willensbildung an. **Zur Vertiefung:** *Wessels/Beulke/Satzger*, Rn. 189	**11**
Ist die „eigenverantwortete Selbstgefährdung“ anders zu behandeln als eine „einverständliche Fremdgefährdung“?	– **e.M.:** Ja, es handelt sich um eine anhand von Tatherrschaftskriterien davon abzugrenzende Fallgruppe, bei der die Grundsätze der frei verantworteten Selbstgefährdung nicht gelten. **(dagg.)** Unmöglichkeit der Unterscheidung z.B. beim Geschlechtsverkehr mit einem HIV-Positiven – **a.M.:** Nein, die Haftung entfällt in Fällen der Fremdgefährdung ebenfalls, wenn diese unter allen Aspekten einer Selbstgefährdung gleich steht. **Zur Vertiefung:** *Beulke*, KK III, Rn. 342 (76. Problem); *Roxin*, AT/1, § 11 Rn. 121 ff.	**12**

13	Wie kann ein vorsätzliches Dazwischentreten eines Dritten die Strafbarkeit ausschließen?	– **e.M.:** Gar nicht. **(dagg.)** Eigenverantwortlichkeitsprinzip (s.o. Rn. 9 f.) – **a.M.:** Indem es den Kausalzusammenhang „unterbricht" („überholende Kausalität"). **(dagg.)** Gleichwertigkeit (Äquivalenz) aller Bedingungen nach der Conditio sine qua non-Formel (s.o. Rn. 3) – **h.M.:** Indem es den „Zurechnungszusammenhang" unterbricht, wenn es sich um einen „völlig atypischen" Kausalverlauf handelt. **Zur Vertiefung:** *Wessels/Beulke/Satzger*, Rn. 192
14	Schließt das vorsätzliche und eigenverantwortliche Dazwischentreten von (berufsmäßigen) Rettern die Zurechnung aus (sog. Retter- oder Herausforderungsfälle)?	– **e.M.:** Ja, eigene Verantwortung (Eigenverantwortlichkeit, s.o. Rn. 9 f.). **(dagg.)** Das gilt nur in dem Maße, wie das Dazwischentreten auch wirklich „völlig atypisch" ist und sich der Dritte zum Eingreifen nicht „herausgefordert" fühlen durfte (s.o. Rn. 13). – **h.M.:** Nein, nur bei einem von vornherein sinnlosen oder mit offensichtlich unverhältnismäßigen Wagnissen verbundenen Rettungsversuch. **Zur Vertiefung:** *Kühl*, AT, § 4 Rn. 96; *Roxin*, AT/1, § 11 Rn. 139; *Wessels/Beulke/Satzger*, Rn. 192a
15	Schließt „Sozialadäquanz" den Tatbestand oder die Rechtswidrigkeit aus?	– **e.M.:** Tatbestandsausschluss mangels objektiver Zurechenbarkeit **(arg.)** Tatbestände sind vertyptes Unrecht (Unrechtstypen) und erfassen demzufolge von vornherein nur sozial abweichendes Verhalten. **(dagg.)** Auch sozial angepasstes Verhalten kann den Tatbestand erfüllen. – **a.M.:** Rechtfertigungsgrund **(arg.)** Sozial-übliches Verhalten mag den Tatbestand erfüllen, ist aber kein Unrecht.

	(dagg.) „Üblichkeit" ist zu unbestimmt. – **h.M.:** Weder (pauschal) das eine, noch das andere. **Zur Vertiefung:** *Baumann/Weber/Mitsch*, AT, § 16 Rn. 35; *Heinrich*, AT, Rn. 519
Muss der Täter die für die „objektive Zurechnung" relevanten Umstände in seinen Vorsatz aufgenommen haben?	– **e.M.:** Nein, darum heißt es „objektive Zurechnung" (im Unterschied zur subjektiven Zurechnung, dem Vorsatz). **(dagg.)** Es heißt objektive Zurechnung, weil sie im objektiven Tatbestand geprüft wird, nicht etwa weil sich der Vorsatz darauf nicht beziehen müsste. – **h.M.:** Ja, den zugrunde liegenden Tatsachenkern (nicht die Wertung), gem. §§ 15, 16. **Zur Vertiefung:** *Herzberg/Hardtung*, JuS 1999, 1073, 1076; *Kühl,* AT, § 5 Rn. 16; *Roxin*, AT/1, § 12 Rn. 154	16

§ 13 Begehen durch Unterlassen

Aufbauschema: Vorsätzliches unechtes Unterlassungsdelikt 1

I. Tatbestand

1. Objektiver Tatbestand
   a) Erfolg ⇨ *Rn. 4*
   b) Unterlassen i.S.d. Nichtvornahme einer faktisch möglichen Handlung mit sinnvoller Erfolgsabwendungstendenz ⇨ *Rn. 2*
   c) Quasikausalität ⇨ *Rn. 3*
   d) Objektive Zurechnung
   e) Einstehenmüssen (Garantenstellung) ⇨ *Rn. 5 ff.*
   f) Entsprechensklausel bei verhaltensgebundenen Delikten ⇨ *Rn. 16*
2. Subjektiver Tatbestand

II. Rechtswidrigkeit

Insb. rechtfertigende Pflichtenkollision ⇨ *Rn. 9 f.*

III. Schuld

Insb. Unzumutbarkeit normgemäßen Verhaltens ⇨ *Rn. 11*

2	Wie grenzt man positives Tun vom bloßen Unterlassen ab?	– **e.M.:** Danach ob, Energie dafür aufgewendet werden muss oder nicht (Energieeinsatz). **(dagg.)** Selbst Atmen verbraucht Energie. – **a.M.:** Nach Kausalitätskriterien. **(dagg.)** Das ist kein geeignetes Unterscheidungsmerkmal, auch das Unterlassen ist (quasi-)kausal. – **a.M.:** Lehre von der Subsidiarität des Unterlassens **(dagg.)** Das ist nur eine Aufbauanweisung. – **h.M.:** Nach dem Schwerpunkt der Vorwerfbarkeit. **Zur Vertiefung:** *Kudlich*, AT, Nr. 181; *Kühl*, AT, § 18 Rn. 13 ff.; *Wessels/Beulke/Satzger*, Rn. 699 ff.
3	Wann ist ein Unterlassen kausal für einen Erfolg (wie wird die hypothetische Kausalität bei Unterlassungsdelikten bestimmt)?	– **e.M.:** (Risikoverringerungslehre) Ein Unterlassen ist bereits dann kausal, wenn die gebotene, aber unterlassene Handlung die Rettungschancen für das bedrohte Rechtsgut erhöht hätte. **(dagg.)** Das widerspricht dem in dubio pro reo-Grundsatz. – **h.M.:** (sog. Quasi-Kausalität): Eine unterlassene Handlung ist dann kausal, wenn sie nicht hinzugedacht werden kann, ohne dass der Erfolg mit an Sicherheit grenzender Wahrscheinlichkeit entfiele. **Zur Vertiefung:** *Kühl*, AT, § 18 Rn. 35 ff.; *Wessels/Beulke/Satzger*, Rn. 711 ff.
4	Schließt die Strafbarkeit wegen Begehung die Strafbarkeit wegen Unterlassens hinsichtlich desselben Erfolges aus?	– **e.M.:** Ja, sonst wäre jeder Mörder, der sein Opfer mit Tötungsvorsatz angeschossen hat, zugleich Unterlassungstäter, wenn er dem Sterbenden nicht hilft. **(dagg.)** Erstens ist das gerade nicht derselbe, sondern ein anderer Erfolg („Verlängern"), und zweitens ist es gerade der richtige Kern der „Lehre von der Subsidiarität des Unterlassens" (s.o. Rn. 2), dass es ge-

	genüber dem gleichgerichteten Tun (auf Konkurrenzebene) als subsidiär zurücktritt. – **h.M.:** Nein. **Zur Vertiefung:** SK/*Rudolphi/Stein*, § 13 Rn. 42a	
Wie viele Garantenstellungen gibt es?	– **e.M.:** Nur zwei (nach Art der Pflicht): Beschützer- und Überwachergarant. **(arg.)** Etwas Drittes kann es aus logischen Gründen daneben nicht geben (tertium non datur). **(dagg.)** Das gibt den Sachgrund für diese Auffassung nicht an. – **a.M.:** Die klassischen fünf (nach Art der Entstehung): (1) Gesetz (Ehe, familiäre Verbundenheit) (2) Gefahrengemeinschaft (3) Schaffung einer Gefahrenquelle (Verkehrssicherung) (4) Ingerenz (5) Vertrag und faktische Übernahme. **Zur Vertiefung:** *Fahl/Scheurmann-Kettner*, JA 1998, 658 f.; *Wessels/Beulke/Satzger*, Rn. 716	5
Setzt die Ingerenz (vorangegangenes gefahrschaffendes Tun) voraus, dass das Vorverhalten „pflichtwidrig“ bzw. „rechtswidrig“ war?	– **e.M.:** Gefahrschaffung allein reicht nicht, das ginge zu weit. **(arg.)** Wer sich durch seinen eigenen rechtswidrigen Angriff selbst gefährdet, kann damit nicht erzwingen, dass der sich rechtmäßig Wehrende zu seinem Beschützer wird. **(dagg.)** Wer einen anderen in rechtmäßiger Notwehr niedergestochen hat, dem ist es zuzumuten, einen Krankenwagen zu alarmieren, statt das Opfer verbluten zu lassen. – **a.M.:** Nein. **Zur Vertiefung:** *Hillenkamp*, Probleme AT, 29. Problem; *Kudlich*, AT, Nr. 196	6

7	Kann „Treu und Glauben“ (§ 242 BGB) eine Garantenstellung begründen?	– **e.M.:** Ja. **(dagg.)** Das ginge zu weit (würde z.B. jeden einfachen Kaufvertrag erfassen, zu viel ausgezahltes Wechselgeld). – **h.M.:** Nein, nur bei besonderen Verträgen (z.B. Arbeitsvertrag). **Zur Vertiefung:** *Wessels/Beulke/Satzger*, Rn. 719a
8	Ist ein Polizist auch außerhalb seiner Dienstzeit Garant für Rechtsgüter anderer?	– **e.M.:** Nein (Ausnahme: hinsichtlich dienstlich anvertrauter Rechtsgüter der Anstellungskörperschaft). **(arg.)** verdienter Feierabend **(dagg.)** Ein Polizist ist immer im Dienst. – **h.M.:** Jedenfalls bei „schweren“ Delikten, bei denen die Abwägung ergibt, dass das öffentliche Interesse an der Unterbindung von Straftaten den privaten Belangen des Beamten vorgeht. **Zur Vertiefung:** *Kühl*, AT, § 18 Rn. 83 ff.
9	Ist der Täter gerechtfertigt, der von zwei Pflichten, deren Erfüllung durch die Erfüllung der jeweils anderen ausgeschlossen ist, nur eine erfüllt (sog. rechtfertigende Pflichtenkollision)?	– **e.M.:** Nein, Pflichtenkollisionen wirken immer nur entschuldigend. **(arg.)** Das zeigt § 35. **(dagg.)** Das Recht kann nichts Unmögliches verlangen. – **h.M.:** Ja, es handelt sich um einen besonderen Rechtfertigungsgrund bei Unterlassungsdelikten. **Zur Vertiefung:** *Jescheck/Weigend*, AT, § 33 V 2; *Wessels/Beulke/Satzger*, Rn. 735 ff.
10	Steht es dem Täter im Falle der rechtfertigenden Pflichtenkollision vollkommen frei, welche Pflicht er erfüllt?	– **e.M.:** Nein, die Entscheidung muss auf sachlichen Gründen beruhen (Ermessensmissbrauchskontrolle). **(arg.)** Sonst könnte sich der Täter z.B. aus rassistischen Gründen für die Rettung eines Weißen statt eines Schwarzen entscheiden. **(dagg.)** Das würde bedeuten, dass er im Ergebnis immer den Schwarzen retten müsste.

	– **a.M.:** Ja, wo wirklich zwei „gleichwertige“ Pflichten aufeinandertreffen, kann der Täter „würfeln“. **Zur Vertiefung:** *Hilgendorf*, KK III, Fall 1 Rn. 17	
Setzt der Tatbestand des unechten Unterlassungsdeliktes (§ 13) „Zumutbarkeit“ voraus?	– **e.M.:** Ja, so ist es schließlich bei dem „echten“ Unterlassungsdelikt des § 323c. **(dagg.)** Dann wäre der diesbezügliche Irrtum (es sei dem Täter unzumutbar) ein Tatbestandsirrtum (§ 16). – **a.M.:** Es handelt sich um eine Frage der Rechtswidrigkeit, das hat den Vorteil des „Unrechtsausschlusses“ ohne den Nachteil der Irrtumsproblematik. **(dagg.)** Die Behandlung des Irrtums über einen Rechtfertigungsgrund ist streitig, und eine übergesetzliche Rechtfertigung ist noch problematischer als eine „übergesetzliche“ Entschuldigung. – **h.M.:** Nein, es handelt sich vielmehr (wie bei allen sonstigen Delikten) um einen Entschuldigungsgrund. **Zur Vertiefung:** *Wessels/Beulke/Satzger*, Rn. 739	**11**
Schließt der Irrtum über die „Garantenpflicht“ die Strafbarkeit aus?	– **e.M.:** Ja, Garantenstellung und Garantenpflicht sind „Umstände, die zum gesetzlichen Tatbestand gehören“ und auf die sich der Vorsatz daher beziehen muss (§ 16). **(dagg.)** Es macht einen Unterschied, ob der Täter nicht weiß, dass er der Vater ist (Irrtum über Tatsachen), oder glaubt, als unehelicher Vater keine Verantwortung zu tragen (Irrtum über das Recht). – **h.M.:** Der Irrtum über die „Garantenpflicht“ schließt die Strafbarkeit nur im Falle der Unvermeidbarkeit (§ 17) aus. **Zur Vertiefung:** *Kühl*, AT, § 18 Rn. 128 f.; *Wessels/Beulke/Satzger*, Rn. 738	**12**

13	Ist der untaugliche Versuch beim Unterlassungsdelikt strafbar?	– **e.M.:** Nein, da dem zu schützenden Rechtsgut in Wahrheit keine Gefahr droht, besteht keine Erfolgsabwendungspflicht, Bestrafung wäre reines Gesinnungsstrafrecht. **(dagg.)** Dass der Erfolgsunwert fehlt, ist typisch für den Versuch und dass bloß die Gesinnung bestraft würde, stimmt im Falle des unmittelbaren Ansetzens (§ 22) nicht. – **h.M.:** Ja, er ist nach allgemeinen Grundsätzen strafbar. **Zur Vertiefung:** *Kühl*, AT, § 18 Rn. 151; NK/*Zaczyk*, § 22 Rn. 60; SK/*Rudolphi*/*Stein*, Vor § 13 Rn. 64
14	Ist Teilnahme (§§ 26, 27) am Unterlassungsdelikt eines anderen (Teilnahme am Unterlassen) möglich?	– **e.M.:** Nein, wer einen anderen zum Nichtstun anstiftet oder ihm dabei hilft, handelt selbst und ist selbst nach dem Tatbestand des (täterschaftlichen) Begehungsdelikts zu beurteilen. **(arg.)** Es gibt keinen „Unterlassungsvorsatz", sondern nur das Fehlen des Entschlusses zum gebotenen Handeln – somit kann Tatentschluss nicht geweckt und da es keine Tathandlung gibt, eine solche auch nicht erleichtert werden. **(dagg.)** Auch das Unterlassungsdelikt kennt einen objektiven Tatbestand, bei dessen Verwirklichung der Garant unterstützt, und einen subjektiven Tatbestand (Vorsatz), der „hervorgerufen" werden kann. – **h.M.:** Ja, Teilnahme am Unterlassungsdelikt eines anderen ist möglich (und darf nicht in Täterschaft umgedeutet werden). **Zur Vertiefung:** *Hillenkamp*, Probleme AT, 30. Problem
15	Ist die Garantenstellung bzw. Garantenpflicht des anderen im Falle der Teilnahme am Unterlassungsdelikt besonderes persönliches Merkmal i.S.d. § 28 I?	– **e.M.:** Ja, „Pflicht" ist persönlich. **(dagg.)** Dann würde der Teilnehmer zweifach privilegiert, erstens indem er nicht als Täter beurteilt wird (s.o. Rn. 14) und zweitens indem seine Strafe auch noch gemildert wird (§ 28 I i.V.m. § 49 I).

	– **a.M.:** Nein, die „Garantenstellung“ ist kein „besonderes persönliches Merkmal“, sondern hat lediglich die Funktion, den möglichen Täterkreis festzulegen. **Zur Vertiefung:** *Roxin*, AT/2, § 27 Rn. 68 ff.	
Hat die sog. Entsprechungsklausel in § 13 bei Erfolgsdelikten irgendeine Funktion?	– **e.M.:** Ja, sonst würde sie weitgehend leerlaufen. **(dagg.)** Sie hat ihre Bedeutung bei sog. verhaltensgebundenen Delikten. – **h.M.:** Nein, bei Erfolgsdelikten besteht immer Gleichwertigkeit. **Zur Vertiefung:** *Lackner/Kühl*, § 13 Rn. 16; *Wessels/Beulke/Satzger*, Rn. 73	**16**

§ 15 Vorsätzliches und fahrlässiges Handeln

Aufbauschema: Fahrlässiges Begehungsdelikt **1**

I. Tatbestand

1. Erfolg (bei Erfolgsdelikten)
2. Tathandlung
3. Kausalität
4. Generelle/objektive Sorgfaltspflichtverletzung ⇨ *Rn. 8*
   a) (Generelle) Vorhersehbarkeit
   b) (Generelle) Vermeidbarkeit ⇨ *Rn. 6 f.*
5. (Sonstige) Objektive Zurechnung des Erfolgseintritts, insb.
   a) Schutzzweckzusammenhang
   b) Pflichtwidrigkeitszusammenhang ⇨ *Rn. 9 f.*
   c) Eigenverantwortliche Selbstgefährdung etc.

II. Rechtswidrigkeit

III. Schuld

1. Allgemeine Schuldmerkmale
2. Besondere Schuldmerkmale
3. Fehlen von Entschuldigungsgründen
4. Individuelle/subjektive Sorgfaltspflichtverletzung
   a) (Individuelle) Vorhersehbarkeit
   b) (Individuelle) Vermeidbarkeit ⇨ *Rn. 6 f.*

2 **Aufbauschema: Fahrlässiges Unterlassungsdelikt**

I. Tatbestand

1. Erfolg (bei Erfolgsdelikten)
2. Unterlassen i.S.d. Nichtvornahme einer faktisch möglichen Handlung mit sinnvoller Erfolgsabwendungstendenz
3. Quasikausalität
4. Generelle/objektive Sorgfaltspflichtverletzung ⇨ *Rn. 8*
   a) (Generelle) Vorhersehbarkeit
   b) (Generelle) Vermeidbarkeit ⇨ *Rn. 6 f.*
5. (Sonstige) Objektive Zurechnung des Erfolgseintritts, insb.
   a) Schutzzweckzusammenhang
   b) Pflichtwidrigkeitszusammenhang ⇨ *Rn. 9*
   c) Eigenverantwortliche Selbstgefährdung etc.
6. Einstehenmüssen (Garantenstellung)
7. Entsprechensklausel (bei verhaltensgebundenen Delikten)

II. Rechtswidrigkeit

insb. rechtfertigende Pflichtenkollision

III. Schuld

1. Allgemeine Schuldmerkmale
2. Besondere Schuldmerkmale
3. Fehlen von Entschuldigungsgründen
   insb. Unzumutbarkeit normgemäßen Verhaltens
4. Individuelle/subjektive Sorgfaltspflichtverletzung
   a) (Individuelle) Vorhersehbarkeit
   b) (Individuelle) Vermeidbarkeit ⇨ *Rn. 6 f.*

3	Erfordert Vorsatz ein Wollen (voluntatives Element)?	– **e.M.:** Nein (Wortlaut § 16: nur Kenntnis). **(dagg.)** Abgrenzung zur Fahrlässigkeit (s.u. Rn. 4) – **h.M.:** Ja, Vorsatz ist Wissen und Wollen **Zur Vertiefung:** *Wessels/Beulke/Satzger*, Rn. 203 ff.
4	Wie lassen sich Vorsatz (dolus eventualis) und (bewusste) Fahrlässigkeit voneinander abgrenzen?	– **e.M.:** (sog. Wahrscheinlichkeitstheorie) Vorsätzlich handelt, wer den Erfolg als „wahrscheinlich“ voraussieht. **(dagg.)** Was ist bei einer Wahrscheinlichkeit von fünfzig zu fünfzig?

	– **a.M.:** (sog. Höchstwahrscheinlichkeitstheorie) wer den Erfolg für „höchstwahrscheinlich“ hält. **(dagg.)** Auch dies ist kaum abgrenzbar. – **a.M.:** (sog. Möglichkeitstheorie) wer ihn „für möglich“ hält. **(dagg.)** Diese Auffassung vernachlässigt das Wollenselement. – **a.M.:** (sog. Einwilligungs- oder Billigungstheorie) wer ihn „billigend in Kauf nimmt“. **(dagg.)** Das überbetont das Wollenselement des Vorsatzes. – **a.M.:** (sog. Gleichgültigkeitstheorie) wer dem Erfolg gleichgültig gegenüber steht. **(dagg.)** Der Erfolg kann dem Täter sogar höchst unerwünscht sein. – **h.M.:** Vorsätzlich handelt, wer den Erfolg (mindestens) „für möglich“ hält und sich damit zähneknirschend „abfindet“, während fahrlässig handelt, wer „die Gefahr erkennt“ (kognitiv), aber auf das Ausbleiben des Schadens „vertraut“ (voluntativ). **Zur Vertiefung:** *Fahl*, Jura 1995, 654 ff.; *Roxin*, AT/1, § 12 Rn. 35 ff.
Wie ist der Täter zu bestrafen, der zwei verschiedene Delikte alternativ (entweder den Jäger oder den Hund erschießen), aber nicht kumulativ verwirklichen (beide treffen) will (sog. alternativer Vorsatz)?	– **e.M.:** Nur das verwirklichte Delikt wird berücksichtigt. **5** **(dagg.)** Der (Eventual-)Vorsatz bzgl. des nicht verwirklichten Delikts bleibt unberücksichtigt. – **a.M.:** Nur das schwerere Delikt wird berücksichtigt. **(dagg.)** Dies ist wenig überzeugend, wenn nur das mildere Delikt verwirklicht wurde. – **a.M.:** Kombination (Versuch und Vollendung bzw. Versuch und Versuch) **(dagg.)** So wäre es nur im Falle des „dolus cumulativus“ richtig, wenn der Täter (auch) in Kauf nähme, beide Objekte (das eine

		oder das andere oder beide) zu treffen, so liegt es aber hier nicht (entweder/oder). – **h.M.** differenziert: Bei Delikten mit ähnlichem Unrechtsgehalt, wird nur das verwirklichte berücksichtigt (wie Meinung 1); bei Delikten mit stark unterschiedlichem Unrechtsgehalt Kombination (wie Meinung 3) und falls keins verwirklicht wurde, ist nur wegen des Versuchs des „schwereren" zu bestrafen (wie Meinung 2). **Zur Vertiefung:** *Kühl*, AT, § 5 Rn. 27b; NK/*Zaczyk*, § 22 Rn. 20; *Wessels/Beulke/Satzger*, Rn. 231 ff.
6	Begeht derjenige eine Sorgfaltspflichtverletzung, dem ein Fehler unterläuft, der für einen normalen Menschen unvermeidbar, für einen Menschen mit den speziellen Fähigkeiten des Täters aber vermeidbar war?	– **e.M.:** Nein, es liegt zwar eine individuelle/subjektive Sorgfaltspflichtverletzung (Schuld) vor, aber es fehlt die objektive Sorgfaltspflichtverletzung. **(dagg.)** Abzustellen ist nicht auf den Sorgfaltsmaßstab eines objektiven Durchschnittsmenschen, sondern auf einen gewissenhaften Menschen in der Lage des Täters (Chirurg, Marathonläufer). – **h.M.:** Ja, es liegt sowohl ein individueller/subjektiver wie auch ein genereller/objektiver Sorgfaltspflichtverstoß vor. **Zur Vertiefung:** *Roxin*, AT/1, § 24 Rn. 53 ff.; *Wessels/Beulke/Satzger*, Rn. 668 ff.
7	Begeht ein Fahrlässigkeitsdelikt, wer eine Aufgabe übernimmt, bei der ihm ein Fehler unterläuft, der für einen normalen Menschen vermeidbar, für einen Menschen mit den Fähigkeiten des Täters aber unvermeidbar war (unterdurchschnittliche Fähigkeiten)?	– **e.M.:** Nein, zwar liegt eine objektive Sorgfaltspflichtverletzung (Tatbestand) vor, es fehlt aber die subjektive Sorgfaltspflichtverletzung (Schuld). **(dagg.)** Der Vorwurf geht dahin, dass der Täter die Aufgabe bei seinen Fähigkeiten gar nicht hätte übernehmen dürfen. – **h.M.:** Ja, den Täter trifft ein sog. Übernahmeverschulden. **Zur Vertiefung:** *Kühl*, AT, § 17 Rn. 35

Macht sich eines Fahrlässigkeitsdelikts schuldig, wer darauf vertraut, dass andere sich sorgfaltspflichtgemäß verhalten (Vertrauensgrundsatz)?	– **e.M.:** Ja, man muss stets damit rechnen, dass andere sich nicht sorgfaltsgerecht verhalten. **(dagg.)** Dies gilt nur, wenn man sich selbst nicht sorgfaltspflichtgemäß verhält, oder wenn dafür ein besonderer Anlass besteht, z.B. bei Kindern. – **h.M.:** Nein, wer sich selbst sorgfaltsgerecht verhält, darf auch darauf vertrauen, dass andere dies tun. **Zur Vertiefung:** *Roxin*, AT/1, § 24 Rn. 21 ff.; *Wessels/Beulke/Satzger,* Rn. 671	**8**
Schließt die Wahrscheinlichkeit, dass der Erfolg auch bei pflichtgemäßem Verhalten (sog. rechtmäßigem Alternativverhalten) eingetreten wäre, die Strafbarkeit wegen Fahrlässigkeit aus?	– **e.M.:** (Risikoerhöhungslehre) Nein, es genügt, dass der Täter das Risiko für das Rechtsgut erhöht hat. **(dagg.)** Das widerspricht dem Satz „in dubio pro reo"; Verletzungsdelikte werden contra legem in Gefährdungsdelikte umgedeutet. – **h.M.:** Fahrlässigkeit setzt die Feststellung voraus, dass der Erfolg bei Einhaltung der erforderlichen Sorgfalt mit an Sicherheit grenzender Wahrscheinlichkeit vermieden worden wäre. **Zur Vertiefung:** *Bock*, AT, S. 31 ff.; *Roxin*, AT/1, § 11 Rn. 88 ff.; *Wessels/Beulke/Satzger,* Rn. 197 ff.	**9**
Welcher Maßstab gilt für das „rechtmäßige Alternativverhalten" (bzw. die Sorgfaltspflichtverletzung) bei einer Trunkenheitsfahrt?	– **e.M.:** Abzustellen ist darauf, ob der Unfall bei der an die Trunkenheit angepassten Fahrweise hätte vermieden werden können. **(arg.)** Die Geschwindigkeit ist den Gegebenheiten anzupassen (vgl. § 3 I StVO). **(dagg.)** Es ist widersprüchlich, Fahrer ab einer bestimmten Promillegrenze für absolut fahruntüchtig zu erklären, aber Vorschläge zu machen bzgl. der dabei einzuhaltenden Geschwindigkeit. – **h.M.:** Zu fragen ist, ob der Fahrer den Unfall in nüchternem Zustand vermieden hätte. **Zur Vertiefung:** *Beulke*, KK III, Rn. 581 (127. Problem)	**10**

§ 16 Irrtum über Tatumstände

1	Ist der Täter wegen des Vorsatzdeliktes zu bestrafen, der den Erfolg beim ersten Akt herbeigeführt zu haben meinte, wenn der Erfolg in Wahrheit erst durch den zweiten Akt eintrat?	– **e.M.:** (Dolus-generalis-Lehre) Ja, der Täter wollte den Erfolg herbeiführen und hat ihn auch herbeigeführt. **(dagg.)** Als er ihn herbeiführen wollte, hat er ihn aber nicht herbeigeführt, und als er ihn herbeiführte, wollte er das nicht (Simultanitätsprinzip). – **a.M.:** Nein, der Täter ist wegen Versuchs und Fahrlässigkeit zu bestrafen. **(dagg.)** Trotz Leiche läge dann kein Mord vor. – **h.M.:** Es handelt sich um einen sog. Irrtum über den Kausalverlauf, bei dem zu differenzieren ist, ob die Abweichung des vorgestellten vom tatsächlichen Kausalverlauf „wesentlich" oder „unwesentlich" ist. **(dagg.)** Ist die Kausalabweichung wesentlich, so fehlt es schon an der objektiven Zurechenbarkeit (s.o. Vor § 1 Rn. 3) und nicht erst am Vorsatz. – **a.M.:** Es kommt darauf an, ob der konkrete Erfolgseintritt völlig außerhalb der Lebenswahrscheinlichkeit lag. **Zur Vertiefung:** *Beulke*, KK I, Rn. 112 (4. Problem); *Kühl*, AT, § 13, Rn. 46 ff.
2	Kann wegen Vorsatzdeliktes bestraft werden, wer einer Objektverwechslung (error in persona vel obiecto) unterliegt und daher das falsche Objekt trifft?	– **e.M.:** Ja, der Täter wollte das gesetzliche Merkmal erfüllen und der Täter hat das gesetzliche Merkmal erfüllt, mehr verlangt das Gesetz nicht. **(dagg.)** Aber der Vorsatz bezog sich nicht auf irgendein Objekt der Gattung, sondern war auf ein bestimmtes Objekt konkretisiert. – **a.M.:** Ja, denn der Vorsatz des Täters war zum Zeitpunkt der Tat auf dasjenige Objekt konkretisiert, das er vor sich hatte (Vorsatzkonkretisierung). Ein Auseinanderfallen von Vorstellung und Wirklichkeit (Irrtum) liegt also gar nicht vor.

	(dagg.) Das könnte man genauso von einem Jäger sagen, der auf ein Kind schießt, das er für ein Wildschwein hielt. – **h.M.** differenziert: Bei Gleichwertigkeit der Objekte ist der error unbeachtlich, bei Ungleichwertigkeit beachtlich. **Zur Vertiefung:** *Roxin*, AT/1, § 12 Rn. 193 ff.; *Wessels/Beulke/Satzger*, Rn. 247 ff.	
Steckt in den Fällen des „error in persona" in der Vollendung am „falschen Objekt" zugleich der Versuch am „richtigen Objekt"?	– **e.M.:** Ja, ursprünglich war der Versuch schließlich noch nicht auf das falsche Objekt konkretisiert. **(dagg.)** Dabei handelte es sich aber noch um die bloße Vorbereitung. Als daraus ein Versuch wurde, war der Vorsatz bereits konkretisiert, und für diesen Vorsatz wird der Täter schon (im Rahmen des Vollendungsdelikts) bestraft. Eine weitere Bestrafung liefe auf eine Vorsatzverdoppelung hinaus. – **h.M.:** Nein, die Vollendung am „falschen Objekt" ist nicht zugleich Versuch am „richtigen Objekt". **Zur Vertiefung:** *Fahl*, Jura 2005, 273, 275; *Wessels/Beulke/Satzger*, Rn. 578	3
Kann derjenige wegen vorsätzlichen Begehungsdeliktes bestraft werden, dessen Schuss fehl geht und deshalb das falsche Objekt trifft (aberratio ictus)?	– **e.M.:** Nur bei tatbestandlicher Gleichwertigkeit der Objekte. **(dagg.)** Damit würde die aberratio ictus behandelt, als wäre sie ein error in persona (s.o. Rn. 2). – **a.M.:** Ja, wenn die Abirrung vorhersehbar war (sonst nur wegen Versuchs). **(dagg.)** Vorhersehbarkeit begründet Fahrlässigkeit, nicht Vorsatz. – **h.M.:** Zu bestrafen ist wegen Versuchs bzgl. des ursprünglichen Objekts (falls strafbar) und Fahrlässigkeit bzgl. des getroffenen Objekts (falls strafbar). **Zur Vertiefung:** *Hillenkamp*, Probleme AT, 9. Problem	4

5	Wie ist derjenige zu bestrafen, der infolge einer Personenverwechslung auf den Falschen anlegt, wenn die Kugel ihr Ziel verfehlt und zufällig den Richtigen trifft (Zusammentreffen von „error in persona“ und „aberratio ictus“)?	– **e.M.:** Wegen des Irrtums „in persona“ und weil das verwechselte und das tatsächlich getroffene Objekt „gleichwertig“ sind, ist der Irrtum unbeachtlich und lässt den Vorsatz unberührt. **(dagg.)** Das berücksichtigt nicht das Fehlgehen der Tat („daneben getroffen“). – **a.M.:** „Aberratio“ und „error“ heben sich auf; der Täter hatte den Vorsatz, diese konkrete Person zu treffen, und hat diese Person getroffen. **(dagg.)** Der Täter hat aber die Person, auf die sich sein Vorsatz im Moment des Abdrückens konkretisiert hat, nicht getroffen; dass er eigentlich jemanden anderen treffen wollte, ist bloßes Motiv. – **h.M.:** Die „aberratio ictus“ setzt sich durch; der Täter ist folglich nur wegen Versuchs (trotz der vollendeten Verletzung) und Fahrlässigkeit zu bestrafen. **Zur Vertiefung:** *Rengier*, AT, § 15 Rn. 39 ff.; *Wessels/Beulke/Satzger*, Rn. 257
6	Wie sind „aberratio ictus“ und „error in persona“ in den Fällen fehlender sinnlicher Wahrnehmung abzugrenzen (sog. Distanzfälle), wenn z.B. eine Bombe mit dem Zündschloss eines Autos gekoppelt wird, das der Falsche besteigt (sog. Sprengfalle)?	– **e.M.:** Wegen der fehlenden Einflussmöglichkeit auf das weitere Geschehen ist der Fall vergleichbar mit einem abgeschossenen Pfeil, der sein Ziel verfehlt („daneben getroffen“). **(arg.)** Nur die aberratio ictus ermöglicht die sachgerechte Differenzierung danach, ob die Abirrung vorhersehbar war (dann Vollendung) oder nicht (dann Versuch). **(dagg.)** Erstens ermöglicht die „aberratio“ eine solche Unterscheidung gerade nicht (s.o. Rn. 4 f.); zweitens grenzt es schon an „dolus eventualis“, wenn z.B. statt des Ehemannes die Ehefrau den Familienwagen besteigt und drittens ist zu bedenken, dass das Opfer gerade den „Programmvorgaben“ entspricht: Der Fall ähnelt daher dem, dass ein Terrorist die Bombe von Hand in dem

	Moment zündet, in dem jemand das Fahrzeug besteigt, nur geschieht das eben automatisch. – **a.M.:** Es handelt sich demzufolge hier um einen „error in persona", der wegen der Gleichwertigkeit der Objekte (in concreto) unbeachtlich ist. **Zur Vertiefung:** *Herzberg*, JuS 1999, 224; *Toepel*, JA 1996, 886, 891; *Roxin*, AT/1, § 12 Rn. 197 f.; *Wessels/Beulke/Satzger*, Rn. 255	
Ist eine Verwechslung des Tatobjekts im Vollrausch ein „error in persona" oder eine „aberratio ictus"?	– **e.M.:** Ein solcher Irrtum ist ein Fehlgehen der Tat (freilich kann der Täter dafür wegen § 20 nur nach § 323a oder nach den Grundsätzen der „actio libera in causa" bestraft werden), weil der Täter gewissermaßen sein eigenes schuldunfähiges Werkzeug ist. **(dagg.)** Der Sache nach stellt sich die Verwechslung nicht anders dar als bei Nüchternheit des Täters. – **h.M.:** Es handelt sich um einen Irrtum über das Tatobjekt (§ 323a greift bei Ungleichwertigkeit der Objekte nicht ein, weil der Täter dann nicht nur wegen §§ 20, 21, sondern schon wegen des errors nicht bestraft werden kann). **Zur Vertiefung:** *Joecks*, § 323a Rn. 39; *Kindhäuser*, LPK, § 20 Rn. 30 ff.	**7**
Wie behandelt man den Irrtum über ein „normatives Tatbestandsmerkmal"?	– **e.M.:** Wie bei einem „deskriptiven" Tatbestandsmerkmal kommt es auf Wissen (kognitives Element) und Wollen (voluntatives Element) an. **(arg.)** Eine Unterscheidung von „beschreibenden" (deskriptiven) und „wertenden" (normativen) Merkmalen gibt es in Wahrheit nicht, alle Tatbestandsmerkmale sind mehr oder weniger „normativ". **(dagg.)** Manche beruhen aber in besonders hohem Maße auf juristischen Wertungen (z.B. Urkunde).	**8**

		– **h.M.:** Bei ihnen kommt es daher nur auf die sog. Parallelwertung in der Laiensphäre an, also ob der Täter den Bedeutungsgehalt eines Merkmals in etwa richtig erfasst hat. **Zur Vertiefung:** *Maurach/Zipf*, AT/1, § 37 Rn. 44 ff.; *Wessels/Beulke/Satzger*, Rn. 243
9	Wie ist der Täter zu behandeln, der irrig Umstände annimmt, die im Falle ihres wirklichen Vorliegens die Voraussetzungen eines anerkannten Rechtfertigungsgrundes ausfüllen würden (sog. Erlaubnistatbestandsirrtum)?	– **e.M.:** (sog. Vorsatztheorie) Jeder Irrtum lässt den Vorsatz entfallen. **(dagg.)** Nach Einführung des § 17 unhaltbar. – **a.M.:** (sog. strenge Schuldtheorie) Anzuwenden ist § 17. **(dagg.)** Der Täter handelt aber an sich „rechtstreu". – **a.M.:** (sog. eingeschränkte Schuldtheorie) Analog § 16 entfällt der Vorsatz. **(dagg.)** Strafbarkeitslücken im Teilnahmebereich – **a.M.:** (sog. Lehre von den negativen Tatbestandsmerkmalen) § 16 gilt direkt. **(dagg.)** zweistufiger Deliktsaufbau – **h.M.:** (sog. rechtsfolgenverweisende eingeschränkte Schuldtheorie) Nicht der Vorsatz, sondern nur der Vorsatzschuldvorwurf entfällt gem. § 16 (doppelt) analog. **Zur Vertiefung:** *Hillenkamp*, Probleme AT, 10. Problem
10	Wie ist ein Irrtum über einen persönlichen Strafausschließungsgrund zu behandeln (z.B. wenn der Täter sich bei § 258 VI fälschlich für den Vater hält)?	– **e.M.:** Der Täter bleibt straffrei analog § 16 II. – **(dagg.)** Manche Strafausschließungsgründe beruhen lediglich auf kriminalpolitischen Zweckmäßigkeitserwägungen. – **a.M.:** Der Irrtum ist unbeachtlich, über das Vorliegen von Strafaufhebungs- und -ausschließungsgründen entscheidet allein die objektive Lage.

	(dagg.) Manche Strafausschließungsgründe wollen aber auch einer notstandsähnlichen Konfliktlage Rechnung tragen. – **h.M.** differenziert: Wenn die Regelung staatspolitischen Belangen dient oder sie auf Zweckmäßigkeitserwägungen beruht (§§ 173 III, 257 III 1), ist allein die objektive Lage entscheidend; will sie aber einer notstandsähnlichen Konfliktlage oder sonst vermindertem Schuldgehalt Rechnung tragen (§ 258 IV), so ist das Vorstellungsbild des Täters entscheidend (analog § 16 II oder § 35 II). **Zur Vertiefung:** *Hillenkamp*, Probleme AT, 11. Problem	
Reicht es, dass ein Regelbeispiel (z.B. § 243) objektiv erfüllt ist, oder muss sich der Vorsatz des Täters auch auf die Regelbeispielsmerkmale beziehen?	– **e.M.:** Regelbeispiele sind „Tatbestände", § 16 gilt direkt. **(dagg.)** Regelbeispiele sind nur – benannte – Strafzumessungsregeln. – **a.M.:** Vorsatz ist nicht erforderlich; § 16 erfasst nur Tatbestandsmerkmale. **(dagg.)** Nähe der Regelbeispielsmerkmale zu den Qualifikationsmerkmalen. – **h.M.:** Es gelten die §§ 15, 16 analog. **Zur Vertiefung:** *Kindhäuser*, LPK, § 243 Rn. 5; *Wessels/Hillenkamp*, Rn. 220	**11**

§ 17 Verbotsirrtum

Wann ist der Irrtum bei umstrittener Rechtslage vermeidbar?	– **h.M.:** Aufgrund gehöriger Gewissensanstrengung stets, notfalls ist ein (zweiter) Rechtsanwalt zu konsultieren, der auch naheliegende Rechtsprechungsänderungen voraussehen muss. **(dagg.)** Das stellt zu strenge Anforderungen. – **a.M.:** Unvermeidbar ist der Irrtum schon dann, wenn eine unabhängige, fachlich kompetente Rechtsauskunft eingeholt wurde. **Zur Vertiefung:** *Fahl*, JA 1999, 8; *Wessels/Beulke/Satzger*, Rn. 466; *Roxin*, AT/1, § 21 Rn. 29 ff.	**1**

2	Angenommen der Täter erlegt ein Mauswiesel (Wild i.S.d. §292), dieses hielt er für eine Maus (kein Wild i.S.d. §292), glaubte aber fälschlich, auch Mäuse zu jagen sei verboten, wie ist dieser „Doppelirrtum" zu behandeln?	– **e.M.:** Der darin steckende Tatbestandsirrtum (§ 16) geht vor, d.h. dem Täter fehlte der Vorsatz, Wild zu jagen (§ 16 I 1), und ein Fahrlässigkeitsdelikt (§ 16 I 2) existiert bei § 292 nicht. **(dagg.)** Damit würde aber vernachlässigt, dass der Täter auch dieses Tun für strafbar hielt (umgekehrter Verbotsirrtum). – **a.M.:** Bei der Fehlvorstellung, das, was er zu tun glaubte, sei verboten, handelt es sich um einen untauglichen Versuch, der bei § 292 straflos ist (§§ 23, 12). **(dagg.)** Die Fehlvorstellung, etwas Erlaubtes sei strafbar, führt aber noch nicht zu einem sog. untauglichen Versuch, sondern zum bloßen (straflosen) Wahndelikt. – **a.M.:** Beide Vorstellungen neutralisieren sich; es handelt sich demzufolge um vollendete Jagdwilderei (§ 292). **(dagg.)** Wenn beide Fehlvorstellungen jeweils für sich nicht zur Strafbarkeit führen, dann kann es die Kombination auch nicht. – **a.M.:** In dieser Konstellation ist das Verhalten straflos. **Zur Vertiefung:** *Baumann/Weber/Mitsch*, AT, § 21 Rn. 56
3	Angenommen, der Täter erlegt eine Maus, hält sie für ein Mauswiesel, glaubt aber fälschlich, auch Mauswiesel zu jagen, sei erlaubt („umgekehrter Mauswieselfall")?	– **e.M.:** Der darin steckende „umgekehrte" Tatbestandsirrtum (Maus für ein Mauswiesel gehalten zu haben) geht vor und führt zu einem sog. untauglichen Versuch, der grds. strafbar, jedoch bei § 292 straflos ist. **(dagg.)** Damit würde vernachlässigt, dass der Täter sein Tun aber für erlaubt hielt (Verbotsirrtum). – **a.M.:** Beide Vorstellungen neutralisieren sich, da der Verbotsirrtum durch Nachfrage beim Rechtsanwalt (s.o. Rn. 1) leicht vermeidbar war (§ 17); demzufolge handelt es sich um eine vollendete Jagdwilderei (§ 292).

	(dagg.) Es ist nicht einzusehen, wie die Vermeidbarkeit (des Verbotsirrtums) über die fehlende Versuchsstrafbarkeit (§§ 23, 12) hinweghelfen sollte. – **a.M.:** Der Täter geht straflos aus. **Zur Vertiefung:** *Haft*, AT, S. 265 ff.

§ 18 Schwerere Strafen bei besonderen Tatfolgen

Aufbauschema: Erfolgsqualifiziertes Delikt 1

I. Tatbestand

1. Erfüllung des Grundtatbestandes
2. Eintritt der qualifizierenden schweren Folge
3. Kausalität zwischen Grunddelikt und schwerer Folge
4. Vorsatz (⇨ *Rn. 2*) oder Fahrlässigkeit bzgl. der Folge, letzterenfalls
   a) Generelle/objektive Sorgfaltspflichtverletzung bei objektiver Vorhersehbarkeit der schweren Folge (Vermeidbarkeit ergibt sich schon aus der Verwirklichung des Grunddelikts)
   b) Leichtfertigkeit (falls gefordert)
5. (Sonstige) Objektive Zurechnung
6. Zumindest bei Fahrlässigkeit zusätzlich: Unmittelbarkeitszusammenhang

II. Rechtswidrigkeit

III. Schuld

1. Allgemeine Schuldmerkmale
2. Besondere Schuldmerkmale
3. Fehlen von Entschuldigungsgründen
4. Bei fahrlässiger Verursachung der schweren Folge:
   Individuelle/subjektive Sorgfaltspflichtverletzung bei subjektiver Vorhersehbarkeit der schweren Folge

Schließt die Formulierung „wenigstens Fahrlässigkeit“ auch Vorsatz mit ein?	– **e.M.:** Nein, gemeint sind (nur) sämtliche Stufen der Fahrlässigkeit von der leichtesten bis zur gröbsten (unter Ausschluss von Vorsatz). **(dagg.)** „Wenigstens Fahrlässigkeit“ schließt auch (wie auch § 239a III: „wenigstens leichtfertig“) Vorsatz mit ein – Vorsatz ist „mehr“ als Fahrlässigkeit.	2

		– **h.M.:** Ja, Wortlaut. **Zur Vertiefung:** NK/*Paeffgen*, § 18 Rn. 12 f.

§ 20 Schuldunfähigkeit wegen seelischer Störungen

1	Ist ein Alkoholrausch (beim Trinker) eine „tiefgreifende Bewusstseinsstörung“ oder eine „krankhafte seelische Störung“?	– **e.M.:** Rausch ist eine „tiefgreifende Bewusstseinsstörung“. **(dagg.)** Neuere Erkenntnisse belegen, dass Alkoholismus eine Krankheit ist. – **h.M.:** Alkoholberauschung ist eine „krankhafte seelische Störung“. **Zur Vertiefung:** *Kindhäuser*, LPK, § 20 Rn. 10; *Wessels/Beulke/Satzger*, Rn. 410
2	Ab welcher Promillegrenze ist man schuldunfähig?	– **e.M.:** (frühere Rspr.) Ab BAK von 3,0 ‰ (ab BAK 2,0 ‰ vermindert schuldfähig). **(dagg.)** Es gibt keinen medizinisch-wissenschaftlichen Erfahrungssatz des Inhalts, dass unabhängig von psychodiagnostischen Beurteilungskriterien ab einer festen Promillegrenze immer Schuldunfähigkeit vorläge. – **h.M.:** Ob Schuldunfähigkeit gegeben war, ist anhand von psychodiagnostischen Kriterien mit sachverständiger Hilfe aufzuklären. **Zur Vertiefung:** *Fahl*, Jahrbuch Verkehrsrecht 1999, S. 197 ff.
3	Macht sich derjenige wegen vorsätzlichen Begehungsdeliktes strafbar, der sich vorsätzlich in einen Zustand der Schuldunfähigkeit versetzt, um in diesem Zustand eine Straftat zu begehen (sog. vorsätzliche „actio libera in causa“)?	– **e.M.:** (sog. Mittelbare-Täterschaft-Modell) Der Täter benutzt gewissermaßen sich selbst als schuldunfähiges Werkzeug. **(dagg.)** Der Täter hat zu keinem Zeitpunkt eine irgendwie geartete Wissens- oder Wollensüberlegenheit. – **a.M.:** (sog. Tatbestandsmodell) Die tatbestandliche Handlung wird „vorverlagert“, Tathandlung ist das Trinken.

	(dagg.) Existenz verhaltensgebundener Delikte (z.B. § 315c: „Führen" ungleich Trinken). – **a.M.:** (sog. Schuldmodell) Die Anknüpfung für den Schuldvorwurf wird „vorverlegt", indem an einen früheren, noch „freien" Zustand angeknüpft wird. **(dagg.)** Das verstößt gegen das „Simultanitäts-" oder „Koinzidenzprinzip" des § 20. – **h.M.:** (sog. Unvereinbarkeitstheorie) Kein Modell ist mit dem Gesetz vereinbar (es bleibt nur cinc Bcstrafung aus § 323a). **Zur Vertiefung:** *Fahl*, JA 1999, 842; *Hillenkamp*, Probleme AT, 29. Problem

§ 22 Versuch

Aufbauschema: Versuch 1

Vorprüfung

– Keine Vollendung
– Strafbarkeit des Versuchs, § 23 I i.V.m. § 12 ⇨ *Rn. 13 f.*

I. Tatbestand

1. Subjektiver Tatbestand (Tatentschluss)
   a) Tatbestandsvorsatz
   b) Spezielle Absichten (z.B. Zueignungsabsicht)
   c) Sonstige besondere subjektive Merkmale (z.B. Mordlust etc.)
2. Objektiver Tatbestand (unmittelbares Ansetzen) ⇨ *Rn. 4 ff., 9 ff.*

II. Rechtswidrigkeit

III. Schuld

IV. Persönliche Strafausschließungs- und -aufhebungsgründe

1. Rücktritt, § 24 ⇨ *Aufbauschema § 24*
2. Absehen von Strafe, § 23 III

Aufbauschema: Versuchte Erfolgsqualifikation 2

Beachte: *Versuchte Erfolgsqualifikationen sind sowohl in der Konstellation denkbar, dass nur die schwere Folge „versucht" ist, als auch dass Grunddelikt und schwere Folge nur versucht sind. In jedem Fall sollte (bzw. muss) vor der versuchten Erfolgsqualifikation das versuchte (bzw. vollendete) Grunddelikt geprüft werden. Dann kann im Tatbestand 1.a) entweder ganz* *weggelassen oder insoweit in aller Kürze auf die vorangegangene Prüfung verwiesen werden.*

Vorprüfung

- Kein Eintritt der qualifizierenden schweren Folge
- Strafbarkeit der versuchten Erfolgsqualifikation, § 23 I i.V.m. § 12 ⇨ *Rn. 14*

I. Tatbestand

1. Subjektiver Tatbestand (Tatentschluss)
   a) Vorsatz bzgl. des Grunddelikts (bzw. sogar Vollendung)
   b) Vorsatz bzgl. der schweren Folge
2. Objektiver Tatbestand
   Unmittelbares Ansetzen zur Verwirklichung der schweren Folge

II. Rechtswidrigkeit

III. Schuld

IV. Persönliche Strafausschließungs- und -aufhebungsgründe

1. Rücktritt, § 24 ⇨ *Aufbauschema § 24*
2. Absehen von Strafe, § 23 III

3 **Aufbauschema: Erfolgsqualifizierter Versuch**

Beachte: *Vor dem erfolgsqualifizierten Versuch (Grunddelikt nur versucht, schwere Folge dabei aber bereits verwirklicht) sollte das Grunddelikt geprüft werden. Dann können im Tatbestand 1. und 2. entweder ganz weggelassen oder insoweit in aller Kürze auf die vorangegangene Prüfung verwiesen werden.*

Vorprüfung

- Keine Vollendung (des Grunddelikts)
- Strafbarkeit des erfolgsqualifizierten Versuchs, § 23 I i.V.m. § 12 ⇨ *Rn. 13*

I. Tatbestand

1. Subjektiver Tatbestand (Tatentschluss) des Grunddelikts
2. Unmittelbares Ansetzen bzgl. des Grunddelikts
3. Eintritt der qualifizierenden schweren Folge
4. Kausalität zwischen Grunddeliktsversuch und schwerer Folge
5. Fahrlässigkeit bzgl. der schweren Folge
   a) Generelle/objektive Sorgfaltspflichtverletzung bei objektiver Vorhersehbarkeit der schweren Folge (Vermeidbarkeit ergibt sich schon aus dem Grunddeliktsversuch)
   b) Leichtfertigkeit (falls gefordert)
6. (Sonstige) Objektive Zurechnung

7. Unmittelbarkeitszusammenhang

II. Rechtswidrigkeit

III. Schuld

1. Allgemeine Schuldmerkmale
2. Individuelle/subjektive Sorgfaltspflichtverletzung bei subjektiver Vorhersehbarkeit der schweren Folge

IV. Persönliche Strafausschließungs- und -aufhebungsgründe

1. Rücktritt, § 24 ⇨ *§ 24 Rn. 16*
2. Absehen von Strafe, § 23 III

Wie ist das unmittelbare Ansetzen (strafbarer Versuch) von der straflosen bloßen Vorbereitung abzugrenzen?	– **e.M.:** (sog. formal-objektive Theorie) Der Versuch beginnt, wenn mindestens ein Tatbestandsmerkmal erfüllt ist. **(dagg.)** Das ist häufig zu spät. – **a.M.:** (sog. Gefährdungstheorie, auch „materiell-objektive Theorie") Wenn Rechtsgut „in Gefahr gebracht" wird. **(dagg.)** Gefahr ist stufenlos quantifizierbar. – **a.M.:** (sog. Zwischenaktstheorie) Versuch ist der „letzte" Zwischenakt vor der eigentlichen Tatausführung. **(dagg.)** Das ist zu eng (weil dann häufig als nächstes schon Vollendung) und zu unbestimmt (weil zwischen Ziehen und Abdrücken noch immer das Zielen liegt). – **a.M.:** (sog. subjektive Theorie, z.B. „Theorie von der Feuerprobe der kritischen Situation") Der Täter muss den „point of no return" überschritten haben. **(dagg.)** Das betont zu sehr das Innere des Täters. – **h.M.:** (sog. Kombinationsansatz, auch „gemischt objektiv-subjektive Theorie") erforderlich ist, dass („nach seiner Vorstellung von der Tat") das Rechtsgut bereits (objektiv) gefährdet ist, d.h. keine weiteren „wesentlichen" Zwischenschritte erforderlich	4

		sind, und (subjektiv) Schwelle zum „Jetzt-geht's-los" überschritten. **Zur Vertiefung:** *Fahl*, JA 1997, 635, 636; *Wessels/Beulke/Satzger*, Rn. 599 ff.
5	Liegt bereits ein unmittelbares Ansetzen vor, wenn der Täter an der Straßenbahnhaltestelle auf das Opfer wartet, um ihm Pfeffer in die Augen zu streuen („Pfeffertütenfall")?	– **e.M.:** Ja, wäre selbst das noch nicht strafbar, so könnte sogar ein Polizist, der den Plan kennt, nicht einschreiten. **(dagg.)** Es macht keinen Unterschied, ob der Täter sich auf den Weg zum Opfer begibt (noch kein Versuch) oder das Opfer auf den Weg zum Täter. – **a.M.:** Nein, frühestens wenn die Bahn (mit dem Opfer) ankommt. **Zur Vertiefung:** *Fahl*, JA 1997, 635; *Wessels/Beulke/Satzger*, Rn. 603
6	Liegt bereits unmittelbares Ansetzen vor, wenn der Täter mit übergezogener Strumpfmaske und Pistole in der Hand an der Haustür des Opfers klingelt (sog. Klingelfälle)?	– **e.M.:** Ja, andernfalls würden Versuch und Vollendung praktisch zusammenfallen. **(dagg.)** Man weiß noch nicht einmal, ob jemand zu Hause ist. – **a.M.:** Nein, erst mit Anschalten des Lichtes und Näherkommen des Opfers. **Zur Vertiefung:** *Fahl*, JA 1997, 639; *Roxin*, JuS 1979, 1 ff.; *Wessels/Beulke/Satzger*, Rn. 609
7	Liegt ein unmittelbares Ansetzen zur Tat schon vor, wenn der Täter das Regelbeispiel verwirklicht?	– **e.M.:** Ja, das strafbare Versuchsstadium ist erreicht, sobald der Täter mit der Verwirklichung der Regelbeispielsmerkmale beginnt (oder sie sogar schon verwirklicht hat). **(dagg.)** Das ist zu pauschal; zwischen der Verwirklichung des Regelbeispiels (z.B. Sichverborgenhalten oder Ausschalten von Schutzvorrichtungen gegen Wegnahme bei § 243 I 2) und dem Ansetzen zur Tatbestandsverwirklichung (Wegnahme) können noch Stunden oder Tage liegen. – **h.M.:** Nicht unbedingt, zum Teil handelt es sich noch um typische Vorbereitungshandlungen, es kommt auf den Einzelfall an. **Zur Vertiefung:** *Wessels/Beulke/Satzger*, Rn. 607

Setzt die Strafbarkeit wegen Versuchs in einem besonders schweren Fall voraus, dass die Regelbeispielsmerkmale erfüllt sind, oder reicht es, dass sie nur „versucht" sind?	– **e.M.:** Es reicht, dass der Täter zur Verwirklichung des Regelbeispiels „unmittelbar ansetzt". **(dagg.)** Es gibt keinen „Versuch eines Regelbeispiels" (Strafzumessungsregeln sind keine Tatbestände). – **h.M.:** Es gibt nur den „Versuch in einem besonders schweren Fall", dessen erschwerter Strafrahmen setzt aber voraus, dass dann wenigstens die Regelbeispielsmerkmale sämtlich erfüllt sind (§ 23 II ist anzuwenden). **Zur Vertiefung:** *Joecks*, § 243 Rn. 49 ff.	8
Wann ist das unmittelbare Ansetzen (Versuch) beim unechten Unterlassungsdelikt gegeben (§ 13)?	– **e.M.:** Mit Verstreichenlassen der ersten Rettungschance. **(dagg.)** Dies ist zu früh. – **a.M.:** Mit dem Verstreichenlassen der letzten Rettungschance. **(dagg.)** Dann würden Versuch und Vollendung praktisch zusammenfallen; der Versuch beginnt zu spät. – **h.M.:** Sobald durch das Verstreichenlassen eine „Verschlechterung" für das Opfer eintritt. **Zur Vertiefung:** *Hillenkamp*, Probleme AT, 14. Problem	9
Wann beginnt der Versuch im Falle der Mittäterschaft (§ 25 II)?	– **e.M.:** (sog. Einzellösung) Der Versuch beginnt für jeden Mittäter gesondert mit dem Ansetzen zu seinem Tatbeitrag. **(arg.)** Die Schwelle zum „Jetzt-geht's-los" kann nur jeder für sich überschreiten. **(dagg.)** Charakteristikum der Mittäterschaft ist gerade die wechselseitige Zurechnung. – **h.M.:** (sog. Gesamtlösung) Versuch beginnt für alle Mittäter einheitlich mit dem unmittelbaren Ansetzen eines von ihnen (einer für alle). **Zur Vertiefung:** *Rengier*, AT, § 36 Rn. 18 ff.; *Wessels/Beulke/Satzger*, Rn. 611	10

11	Liegt ein mittäterschaftlich begangener Versuch vor, wenn ein nur vermeintlicher Mittäter unmittelbar zur Tatbestandsverwirklichung ansetzt (Münzhändler-Fall)?	– **e.M.:** Ja, es ist das Charakteristikum der nur vermeintlichen Mittäterschaft, dass das unmittelbare Ansetzen des vermeintlichen Mittäters in Wahrheit untauglich ist, den Erfolg herbeizuführen. **(arg.)** Strafbarkeit des untauglichen Versuchs (§ 23 III) **(dagg.)** Nach der Gesamtlösung (s.o. Rn. 10) beginnt zwar der Versuch für alle einheitlich, aber eine Zurechnung kann nach § 25 II nur erfolgen, wenn dessen Voraussetzungen erfüllt sind. Erforderlich ist daher ein wirklicher (und nicht nur vermeintlicher) Tatplan. – **a.M.:** Nein, der Glaube an die Mittäterschaft vermag das „unmittelbare Ansetzen“ (§ 22) nicht zu ersetzen. **Zur Vertiefung:** *Jäger*, AT, Rn. 309 f.; *Roxin*, AT/2, § 29 Rn. 310 ff.; *Wessels/Beulke/Satzger*, Rn. 612
12	Wann beginnt der Versuch bei der mittelbaren Täterschaft (§ 25 I Alt. 2)?	– **e.M.:** Der Versuch beginnt für beide (einheitlich), wenn das Werkzeug mit der Tatausführung beginnt. **(arg.)** Sonst käme es zum Auseinanderfallen des Versuchsbeginns für Täter und Tatmittler. **(dagg.)** Das ist zu spät. – **a.M.:** Der Versuch beginnt mit dem Beginn (bzw. mit dem Abschluss) der Einwirkung des Hintermanns auf das Werkzeug. **(dagg.)** Das ist zu früh. – **h.M.:** Der Versuch beginnt, wenn der Hintermann das Werkzeug aus seinem Einflussbereich entlässt und somit das Geschehen aus den Händen gegeben hat (wie bei einem abgeschossenen Pfeil). **Zur Vertiefung:** *Hillenkamp*, Probleme AT, 15. Problem

Wie ist der Täter zu bestrafen, der den Grundtatbestand einer Erfolgsqualifikation nur versucht, die schwere Folge dabei aber bereits verwirklicht (sog. erfolgsqualifizierter Versuch)?	– **e.M.:** Der erfolgsqualifizierte Versuch ist nicht strafbar (d.h. der Täter ist nur nach dem Grunddelikt zu bestrafen). **(arg.)** Einen Versuch ohne Vorsatz gibt es nicht, und § 11 II kann das mangels „Verwirklichung" nicht überspielen. **(dagg.)** Bzgl. der Folge reicht ja gerade Fahrlässigkeit (§ 18). – **h.M.:** Versuch ist in dieser Konstellation möglich, sofern die schwere Folge an die bloße Tathandlung (und nicht den Erfolg) des Grundtatbestandes anknüpft. **Zur Vertiefung:** *Hillenkamp*, Probleme AT, 16. Problem; MüKo/*Hardtung*, §18 Rn. 73 ff.; *Wessels/Beulke/Satzger*, Rn. 617	**13**
Wie ist ein Täter zu bestrafen, der Grundtatbestand und schwere Folge nur versucht (sog. versuchte Erfolgsqualifikation)?	– **e.M.:** (nur) wegen Versuchs des Grunddelikts **(arg.)** Mit der Formulierung in § 18 sind sämtliche Stufen der Fahrlässigkeit erfasst (von der leichtesten bis zur gröbsten), aber nicht Vorsatz, der im Vergleich zur Fahrlässigkeit kein „Mehr" ist, sondern ein „aliud". **(dagg.)** „Wenigstens Fahrlässigkeit" schließt der eindeutigen Formulierung nach auch Vorsatz ein, die schwere Folge kann damit auch „versucht" sein (s.o. § 18 Rn. 2). – **h.M.:** Der Täter wird dann wegen versuchter Erfolgsqualifikation bestraft, wenn ein gesonderter Erfolgstatbestand fehlt (z.B. § 239 III Nr. 1), wo hingegen ein solcher existiert (z.B. § 239 IV), wird der Täter (nur) wegen des versuchten Grundtatbestandes und des versuchten Erfolgsdelikts (hier: §§ 212, 22) bestraft. **Zur Vertiefung:** *Kühl*, AT, § 17a Rn. 33 ff; *Roxin*, AT/2, § 29 Rn. 319; *Wessels/Beulke/Satzger*, Rn. 617	**14**

§ 23 Strafbarkeit des Versuchs

1	Ist der abergläubische (irreale) Versuch strafbar (z.B. Totbeten)?	– **e.M.:** Ja, aber er kann milder bestraft werden (§ 23 III). **(dagg.)** Was sich nur herbeiwünschen lässt, kann man nicht wollen; § 23 III betrifft nur den aberwitzigen Versuch (z.B. Abtreibung mit Kamillentee). – **h.M.:** Nein, § 23 III ist insoweit teleologisch zu reduzieren. **Zur Vertiefung:** *Kühl*, AT, § 15 Rn. 93 ff.; *Wessels/Beulke/Satzger*, Rn. 620

§ 24 Rücktritt

1 **Aufbauschema**

Beachte: *Dieses Aufbauschema ist ein spezielles Schema für den Prüfungspunkt Persönliche Strafaufhebungsgründe – Rücktritt – im Rahmen einer Versuchsprüfung.*

a) Kein fehlgeschlagener Versuch ⇨ *Rn. 10 ff.*

b) Geeignete Rücktrittshandlung

– § 24 I 1 Alt. 1 aa) Unbeendeter Versuch ⇨ *Rn. 8 f., 17*
bb) Aufgeben der weiteren Tatausführung ⇨ *Rn. 5, 7*

– § 24 I 1 Alt. 2 aa) Beendeter Versuch
bb) Verhinderung der Vollendung ⇨ *Rn. 6*

– § 24 I 2 aa) Beendeter Versuch
bb) Tat wird ohne Zutun des Täters nicht vollendet
cc) Ernsthaftes Bemühen um Vollendungsverhinderung ⇨ *Rn. 6*

– § 24 II 1 aa) Versuch, an dem mehrere beteiligt sind ⇨ *Rn. 14*
bb) Kausale Erfolgsverhinderung

– § 24 II 2 Alt. 1 aa) Versuch, an dem mehrere beteiligt sind ⇨ *Rn. 14*
bb) Vollendungsverhinderungsbemühungen des Täters nicht kausal für Nichtvollendung
cc) Ernsthaftes Bemühen um Vollendungsverhinderung ⇨ *Rn. 6*

– § 24 II 2 Alt. 2 aa) Versuch, an dem mehrere beteiligt sind ⇨ *Rn. 14 f.*
bb) Tat wird ohne Zutun des Täters vollendet
cc) Ernsthaftes Bemühen um Vollendungsverhinderung ⇨ *Rn. 6*

c) Freiwilligkeit ⇨ *Rn. 2 f.*

Wie definiert man „Freiwilligkeit“?	– **e.M.:** (Frank’sche Formel) Freiwillig handelt, wer sich sagt „ich will nicht, selbst wenn ich könnte“ – unfreiwillig, wer sich sagt „ich kann nicht, selbst wenn ich wollte“. **(dagg.)** Das bleibt zu vage. – **h.M.:** Freiwillig handelt, wer aus „autonomen“ (selbst gesetzten) Motiven handelt; unfreiwillig, wer aus „heteronomen“ (fremd veranlassten) Motiven handelt. **Zur Vertiefung:** *Wessels/Beulke/Satzger*, Rn. 651	2
Ist ein Rücktritt „freiwillig“, der im Zustand des Vollrauschs erfolgt?	– **e.M.:** Nein, mangels Steuerungsfähigkeit (§ 20). **(dagg.)** Freiwilligkeit und die Fähigkeit, zwischen Recht und Unrecht zu unterscheiden, sind zwei Paar Schuhe. – **h.M.:** Ja – da der Täter dann wegen § 24 (und nicht erst wegen § 20) nicht bestraft werden kann, greift § 323a (Vollrausch) nicht ein. **Zur Vertiefung:** *Fahl*, JuS 2005, 1076, 1079; MüKo/*Herzberg/Hoffmann-Holland*, § 24 Rn. 108	3
Ist der Rücktritt Entschuldigungs- oder Strafaufhebungsgrund?	– **e.M.:** („Verdienstlichkeitstheorie“) Die Verdienstlichkeit der freiwilligen Aufgabe mindert die Schuld, daher handelt es sich um einen – auf Schuldebene zu berücksichtigenden – Entschuldigungsgrund. **(dagg.)** Der Rücktritt muss nach dem Wortlaut nicht „verdienstvoll“ sein, nur freiwillig (Warten auf bessere Gelegenheit oder fettere Beute). – **h.M.:** („kriminalpolitische Theorie“) Es wird nur aus Gründen der Zweckmäßigkeit von Strafe abgesehen, daher handelt es sich um einen „Strafaufhebungsgrund“. **Zur Vertiefung:** *Frister*, AT, Kap. 24 Rn. 6; Schönke/Schröder/*Eser*, § 24 Rn. 4	4

5	Muss der Täter für § 24 I 1 Alt. 1 endgültig von der Tat Abstand nehmen oder genügt es, dass er die konkrete Tat aufgibt?	– **e.M.:** Der Täter muss von dem ganzen Tatvorhaben endgültig Abstand nehmen. **(arg.)** Aufschieben ist kein „Aufgeben“; die Prämierung durch Straferlass setzt Verdienstlichkeit voraus (s.o. Rn. 4). **(dagg.)** Der Anreiz, in die Legalität zurückzukehren („goldene Brücke“), dient nicht der Belohnung des Täters, sondern dem Schutz des Opfers (weil sich der Täter nicht sagen muss, dass er durch das Aufhören nichts mehr zu gewinnen und durch das Weitermachen nichts mehr zu verlieren habe, im Gegenteil, er kann u.U. auch noch einen Zeugen beseitigen). – **h.M.:** Der Täter muss nur die konkrete Tat („weitere Ausführungen der Tat“) aufgeben. **Zur Vertiefung:** *Hillenkamp*, Probleme AT, 17. Problem
6	Setzt der Rücktritt gem. § 24 voraus, dass der Täter das „Optimum“ getan hat, um die Vollendung zu verhindern (sog. halbherziger Rücktritt)?	– **e.M.:** Ja, der Täter muss stets das „sicherste“ Mittel zur Erfolgsabwendung ergreifen. **(arg.)** Strafbefreiung verdient nur derjenige, der die ihm bekannten und zur Verfügung stehenden Mittel auch ausschöpft. – **(dagg.)** Es verbietet sich, eine täterbegünstigende Vorschrift wie § 24 zulasten des Täters enger auszulegen, als es der Wortlaut vorgibt. – **a.M.:** Nein, Hauptsache die Vollendung wird verhindert. **(dagg.)** Ein solches Bemühen wäre aber nicht „ernsthaft“; dazu darf der Täter die Nichtvollendung nicht dem Zufall überlassen. – **h.M.:** Wo der Wortlaut verlangt, dass die Vollendung verhindert wird (§ 24 I 1 Alt. 2; § 24 II 1), reicht auch ein „halbherziger Rücktritt“ (wie auch ein „halbherziger“ Vorsatz zur Vollendungsstrafbarkeit genügt); wo hingegen „ernsthaftes Bemü-

	hen" verlangt wird (§ 24 I 2; § 24 II 2), muss der Täter sein „Optimum" geben. **Zur Vertiefung:** *Beulke*, KK I, Rn. 344 (44. Problem)	
Ist ein Rücktritt noch möglich, wenn der Täter sein außertatbestandliches Ziel bereits erreicht hat (sog. Denkzettelfälle)?	– **e.M.:** Nein, das ist kein „Aufgeben" mehr. **(arg.)** Es ist keine „honorierbare Verzichtsleistung" (Verdienstlichkeitstheorie), wenn die Tatausführung ohnehin sinnlos geworden ist. **(dagg.)** Erhaltung des gefährdeten Rechtsguts, Opferschutz – **h.M.:** Ja, Aufgabeentschluss bezieht sich (wie der Vorsatz) allein auf die Tatbestandsmerkmale; außertatbestandliche Ziele haben außer Betracht zu bleiben. **Zur Vertiefung:** *Joecks*, § 24 Rn. 29 f.; *Wessels/Beulke/Satzger*, Rn. 635	**7**
Gibt es einen „beendeten Versuch"?	– **e.M.:** Nein. Das Gesetz kennt den Begriff nicht. **(dagg.)** Wenn sich der Täter frei entscheiden könnte, ob er die „Vollendung verhindern" oder bloß „die weitere Ausführung aufgeben" muss (§ 24 I 1 Alt. 1 bzw. 2), um Straffreiheit zu erlangen, würde jeder Täter das letztere wählen. – **h.M.:** Ja, der Versuch ist „beendet", sobald der Täter glaubt, alles zur Tatbestandsverwirklichung Erforderliche getan zu haben, dann muss er die „Vollendung verhindern", um sich Straffreiheit zu verdienen (§ 24 I 1 Alt. 2). **Zur Vertiefung:** *Wessels/Beulke/Satzger*, Rn. 631	**8**
Wie ist der beendete vom unbeendeten Versuch beim Unterlassungsdelikt abzugrenzen?	– **e.M.:** Der Versuch des Unterlassungsdelikts ist stets „unbeendet". **(arg.)** Solange der Erfolg nicht eingetreten ist, glaubt der Täter stets, noch nicht alles Erforderliche (Abwarten) getan zu haben.	**9**

		– **a.M.:** Er ist stets „beendet". **(arg.)** Täter glaubt stets, zur Erfolgsabwendung tätig werden zu müssen. **(dagg.)** Beides (stets „beendet"/stets „unbeendet") ist zu pauschal. – **h.M.** differenziert: Versuch ist „unbeendet", solange der Täter glaubt, den Erfolg noch durch Nachholung der ursprünglich gebotenen Handlung abwenden zu können – „beendet", wenn er glaubt, den Erfolg nur noch durch andersartige Handlungen abwenden zu können. **Zur Vertiefung:** *Wessels/Beulke/Satzger*, Rn. 743 f.
10	Betrifft der fehlgeschlagene Versuch den Ausschluss der Freiwilligkeit oder handelt es sich um eine eigene, „außerhalb" von §24 zu prüfende Fallgruppe?	– **e.M.:** Es handelt sich um einen eigenständigen, außerhalb des § 24 stehenden Fall. **(arg.)** Was fehlgeschlagen ist, kann man nicht aufgeben. **(dagg.)** Das Gesetz kennt nur den Begriff der „Freiwilligkeit", nicht aber den des „Fehlschlags". – **a.M.:** Fehlschlag ist ein Unterfall des „unfreiwilligen" Rücktritts. **Zur Vertiefung:** *Maurach/Gössel/Zipf*, AT/2, § 41 Rn. 36 ff.; *Wessels/Beulke/Satzger*, Rn. 628
11	Ist objektiv (aus Sicht des Betrachters) oder subjektiv (aus Sicht des Täters) zu beurteilen, ob ein „Fehlschlag" vorliegt?	– **e.M.:** Aus Sicht eines objektiven Betrachters. **(arg.)** Es handelt sich beim Fehlschlag um eine außerhalb von § 24 stehende, objektive Fallgruppe (s.o. Rn. 10). **(dagg.)** So wie ein noch in der Ausführung begriffener Versuch (objektiv) bereits fehlgeschlagen sein kann, ohne dass der Täter dies erkennt, so kann der Täter einen Versuch auch (irrig) für fehlgeschlagen halten, der (objektiv) noch ausführbar ist.

	– **h.M.:** Subjektiv aus Sicht des Täters (damit liegt ein „fehlgeschlagener“ Versuch dann vor, wenn die zur Tatausführung vorgenommenen Handlungen ihr Ziel nicht erreicht haben und der Täter erkennt, dass er mit den ihm zur Verfügung stehenden Mitteln den tatbestandlichen Erfolg nicht mehr oder zumindest nicht ohne zeitlich relevante Zäsur herbeiführen kann). **Zur Vertiefung:** *Kühl*, AT, § 16 Rn. 9 ff.
12 Handelt es sich um einen nicht rücktrittsfähigen „Fehlschlag“, wenn sich in einem aufgebrochenen Geldschrank nur (relativ) wertlose Gegenstände befinden, die der Täter (freiwillig) liegen lässt?	– **e.M.:** Wenn der vorgestellte Gegenstand nicht vorhanden ist, handelt es sich um einen „Fehlschlag“, von dem ein Rücktritt von vornherein nicht möglich ist. **(dagg.)** Der Täter könnte aber auch den geringwertigen Gegenstand mitnehmen, und wenn er es täte, würde er dafür ja umgekehrt auch bestraft. – **a.M.:** Nein, solange es sich um autonome (selbst gesetzte) Gründe handelt, ist die „Aufgabe der weiteren Tatausführung“ freiwillig. **(dagg.)** Damit würde vernachlässigt, dass es mehr oder weniger sinnlos sein kann, solche Gegenstände (entgegen dem ursprünglichen Plan) doch mitzunehmen oder liegen zu lassen. – **h.L.:** Es ist vom „Maßstab der Verbrechervernunft“ aus ist zu beurteilen, ob die weitere Ausführung unter diesen Umständen noch sinnvoll ist. **Zur Vertiefung:** *Beulke*, KK III, Rn. 180 (40. Problem)

13	Kann derjenige, der sich eines Tatmittels bereits erfolglos bedient hat (erster Akt), noch strafbefreiend von dem Geschehen im Ganzen zurücktreten, indem er die weitere Tatausführung mit einem anderen Tatmittel (zweiter Akt) „freiwillig“ unterlässt (Rücktritt vom mehraktigen Versuch)?	– **e.M.:** (sog. Einzelaktstheorie) Nachdem der erste Akt „fehlgeschlagen“ ist, kann der Täter davon nicht mehr zurücktreten (nur noch von dem neuerlichen Versuch). **(arg.)** Dem Täter darf nicht zugute kommen, dass er nach dem ersten Scheitern sogar weiter gemacht hat. **(dagg.)** Opferschutz (s.o. Rn. 5); § 24 will eine „Goldene Brücke“ bauen (ratio legis). – **a.M.:** (sog. Tatplantheorie) Ob der Versuch im Ganzen „fehlgeschlagen“ ist, hängt von dem Tatplan ab: Hat der Täter von vornherein mit einkalkuliert, nacheinander verschiedene Tatmittel zu benutzen, dann ist der Versuch noch „unbeendet“ und es reicht die freiwillige Aufgabe. **(dagg.)** Damit würde die größere kriminelle Energie belohnt, die sämtliche Eventualitäten mit einplant. – **h.M.:** (sog. Gesamtbetrachtungslehre) Ob der Versuch „beendet“/„fehlgeschlagen“ ist, entscheidet sich nicht nach der Tatplanperspektive (oder aus der Sicht nach Abschluss der ersten Ausführungshandlung), sondern aus der Perspektive des Täters im Zeitpunkt des Rücktritts („Lehre vom Rücktrittshorizont“), d.h. der Rücktritt vom zweiten Akt erfasst auch den bereits verwirklichten Versuch (erster Akt). **Zur Vertiefung:** *Hillenkamp*, Probleme AT, 18. Problem
14	Nach welcher Vorschrift richtet sich der Rücktritt dessen, der einen Helfer oder Anstifter hat?	– **e.M.:** Nach § 24 II. **(arg.)** § 24 II ist lex specialis für Beteiligung „mehrerer“. **(dagg.)** § 24 II ist nur Spezialnorm für den, dem fremdes Verhalten zugerechnet wird.

	– **a.M.:** Nach § 24 I. **Zur Vertiefung:** *Lackner/Kühl*, § 24 Rn. 25	
Wie kann ein Teilnehmer (Anstifter oder Gehilfe) seinen Tatbeitrag vor Versuchsbeginn (im Vorbereitungsstadium) „rückgängig" machen?	– **e.M.:** Nach § 24 II analog (der auf den Versuch aufbaut und daher erst nach Versuchsbeginn eingreift). **(arg.)** Das muss erst recht (a fortiori) gelten, wenn der Beteiligte den anderen nicht einmal bis zum Versuchsbeginn die Stange hält, sondern sogar schon vorher „aussteigt". **(dagg.)** keine Regelungslücke – **h.M.:** Er kann nicht zurücktreten und haftet nach allgemeinen Zurechnungs- und Teilnahmekriterien. **Zur Vertiefung:** *Beulke*, KK I, Rn. 197, 24. Problem)	**15**
Ist § 24 (noch) anwendbar, wenn die schwere Folge der Erfolgsqualifikation bereits eingetreten ist?	– **e.M.:** Nein, mit dem Eintritt der schweren Folge liegt gewissermaßen „Vollendung" des Qualifikationstatbestandes vor, von der es keinen Rücktritt mehr gibt. **(dagg.)** Die (Erfolgs-)Qualifikation setzt den vollen Grundtatbestand als Anknüpfung voraus, welcher fehlt, wenn ein Rücktritt vorliegt. – **h.M.:** Rücktritt noch möglich (es bleibt aber, falls strafbar, ein Fahrlässigkeitsdelikt). **Zur Vertiefung:** *Beulke*, KK III, Rn. 407 (91. Problem); *Kindhäuser*, AT, § 32 Rn. 35	**16**
Ist § 24 (analog) anwendbar, wenn der Täter, irrig von der Untauglichkeit des bereits Getanen ausgehend, sein Vorhaben vor Erfolgseintritt aufgibt (sog. misslungener Rücktritt)?	– **e.M.:** Wenn der Täter den (Vollendungs-) Erfolg gar nicht mehr wollte, fehlte ihm bereits der „Vollendungsvorsatz", so dass es auf § 24 nicht ankommt. **(arg.)** Es kann sich, wenn schon nicht um einen vollkommen atypischen Kausalverlauf, so doch nur um eine „wesentliche" Abweichung (des tatsächlichen) vom vorgestellten Kausalverlauf handeln (s.o. Vor § 1 Rn. 3).	**17**

		(dagg.) Der Vorsatz muss nur zum Zeitpunkt der Tathandlung, nicht (auch) zum Zeitpunkt des Taterfolges vorliegen. – **a.M.:** § 24 I 1 Alt. 1 ermöglicht den Rücktritt, solange der Erfolg noch nicht eingetreten ist. Das ist hier der Fall. **(arg.)** Im Zeitpunkt des Rücktritts (siehe „Lehre vom Rücktrittshorizont") glaubte der Täter, noch nicht alles zur Tatbestandsverwirklichung Erforderliche getan zu haben („unbeendeter" Versuch, § 24 I 1 Alt. 1, s.o. Rn. 13). **(dagg.)** Die Vorschrift ist aber von vornherein auf den Versuch (§ 22) beschränkt; für eine Analogie fehlt es an einer „Lücke". – **h.M.:** Berücksichtigung nur in der Strafzumessung (§ 46 II 1: Umstand, der „für den Täter" spricht). **Zur Vertiefung:** *Beulke*, KK I, Rn. 319 (40. Problem)
18	Ist ein „Rücktritt" vom vollendeten Delikt in Analogie zu den Vorschriften über die „tätige Reue" möglich?	– **e.M.:** Ja, die verstreuten Einzelregelungen (§§ 83a I, III; 139 IV; 306e; 314a; 320 etc.) tragen eine Gesamtanalogie (zugunsten des Täters). **(dagg.)** Ausnahmeregelungen sind nicht verallgemeinerungsfähig; keine planwidrige Regelungslücke. – **h.M.:** Nein, Berücksichtigung als „Nachtatverhalten" bei der Strafzumessung gem. § 46 II 2. **Zur Vertiefung:** *Jescheck/Weigend*, AT, § 51 V 2; *Wessels/Beulke/Satzger*, Rn. 654

§ 25 Täterschaft

Aufbauschema: Mittelbare Täterschaft, § 25 I Alt. 2 1

A. Strafbarkeit des Tatnächsten (Vordermann)

B. Strafbarkeit eines weiteren Beteiligten als mittelbarer Täter

I. Tatbestand

1. Objektiver Tatbestand
   a) Nicht alle Tatbestandsmerkmale in eigener Person selbst (§ 25 I Alt. 1) verwirklicht, aber
   b) Täterqualität
      aa) Kein eigenhändiges Delikt
      bb) Sondereigenschaft bei Sonderdelikten vorhanden
   c) Tatbegehung „durch“ einen anderen aufgrund (⇨ *Rn. 6*)
      aa) Strafbarkeitsdefizits des Tatmittlers, da dieser
         (1) tatbestandslos
         (2) vorsatzlos (⇨ *Rn. 12*) oder absichtslos ⇨ *Rn. 9*
         (3) nicht rechtswidrig oder
         (4) schuldlos bzw. vermindert schuldfähig (⇨ *Rn. 8)* handelt, oder
      bb) Organisationsherrschaft ⇨ *Rn. 10 f.*
2. Subjektiver Tatbestand
   a) Vorsatz bzgl. sämtlicher Merkmale des objektiven Tatbestandes, insb. auch Bewusstsein der eigenen Tatherrschaft bzw. Täterwille ⇨ *Rn. 7, 13*
   b) Spezielle Absichten
   c) Sonstige besondere subjektive Merkmale
3. Möglichkeit der Tatbestandsverschiebung, § 28 II

II. Rechtswidrigkeit

III. Schuld

Aufbauschema: Mittäterschaft, § 25 II – gemeinsame Prüfung 2

Beachte: *Schema für gemeinsame Prüfung bei exakt gleichen Sachverhaltsangaben oder erforderlicher wechselseitiger Zurechnung, weil kein Täter alle Tatbestandsmerkmale in eigener Person erfüllt und ihm daher Tatbestandsteile zugerechnet werden müssen.*

I. Tatbestand

1. Objektiver Tatbestand

a) Beteiligter verwirklicht nicht alle Tatbestandsmerkmale selbst oder allein, aber

b) Täterqualität

aa) Eigenhändiges Delikt wird eigenhändig begangen

bb) Sondereigenschaft bei Sonderdelikten vorhanden

c) „Gemeinschaftliche" Tatbegehung ⇨ *Rn. 14*

aa) Gemeinsamer Tatplan ⇨ *Rn. 17*

bb) Gemeinsame (arbeitsteilige) Tatausführung ⇨ *Rn. 15 f.*

2. Subjektiver Tatbestand

(Täter 1)

a) Vorsatz bzgl. eigenem Tatbeitrag

b) Bewusstsein der Tatherrschaft bzw. Täterwille

c) Spezielle Absichten und sonstige besondere subjektive Merkmale

(Täter 2)

a) Vorsatz bzgl. eigenem Tatbeitrag

b) Bewusstsein der Tatherrschaft bzw. Täterwille

c) Spezielle Absichten und sonstige besondere subjektive Merkmale

(Täter 3)

etc.

3. Möglichkeit der Tatbestandsverschiebung, § 28 II

II. Rechtswidrigkeit (für jeden Mittäter getrennt zu prüfen)

III. Schuld (für jeden Mittäter getrennt zu prüfen)

3 **Aufbauschema: Mittäterschaft, § 25 II – getrennte Prüfung**

Beachte: *Schema für getrennte Prüfung – ein Täter erfüllt alle Tatbestandsmerkmale selbst, einem weiteren Mittäter werden Tatbestandsteile zugerechnet.*

A. Strafbarkeit des Tatnächsten, der alle Tatbestandsmerkmale in seiner Person erfüllt

B. Strafbarkeit eines weiteren Beteiligten als Mittäter

I. Tatbestand

1. Objektiver Tatbestand

a) Nicht alle Tatbestandsmerkmale in eigener Person selbst (§ 25 I Alt. 1) verwirklicht, aber

b) Täterqualität

aa) Eigenhändiges Delikt wird eigenhändig begangen

bb) Sondereigenschaft bei Sonderdelikten vorhanden

c) „Gemeinschaftliche" Tatbegehung ⇨ *Rn. 14*

aa) Gemeinsamer Tatplan ⇨ *Rn. 17*

bb) Gemeinsame (arbeitsteilige) Tatausführung ⇨ *Rn. 15 f.*

2. Subjektiver Tatbestand

a) Vorsatz bzgl. eigenem Tatbeitrag

b) Bewusstsein der Tatherrschaft bzw. Täterwille

c) Spezielle Absichten und sonstige besondere subjektive Merkmale

3. Möglichkeit der Tatbestandsverschiebung, § 28 II

II. Rechtswidrigkeit

III. Schuld

Wie sind Täterschaft und Teilnahme voneinander abzugrenzen?	– **e.M.:** (formal-objektive Theorie) Täter ist (nur), wer (in eigener Person) Tatbestandsmerkmale verwirklicht. – **(dagg.)** Dann gäbe es die mittelbare Täterschaft (§ 25 I Alt. 2) nicht. – **a.M.:** (subjektive Theorie, auch sog. Animus-Theorie) Täter ist, wer die Tat „als eigene" will, also „Täterwillen" (animus auctoris) hat; Teilnehmer ist, wer die Tat „als fremde" will, also „Teilnehmerwillen" (animus socii) hat. **(dagg.)** Sogar wer den Tatbestand mit eigenen Händen („selbst") verwirklicht (Badewannenfall), könnte seinem Vorsatz entsprechend als Teilnehmer bestraft werden, das widerspricht § 25 I Alt. 1. – **h.L.:** (sog. Tatherrschaftslehre) Täter ist, wer die „Tatherrschaft" hat, d.h. das Geschehen planvoll-lenkend in den Händen hält („Hauptfigur" des Geschehens ist); Teilnehmer ist hingegen, wer bloße „Randfigur" ohne Tatherrschaft ist. **Zur Vertiefung:** *Hillenkamp*, Probleme AT, 19. Problem; *Wessels/Beulke/Satzger*, Rn. 510 ff.	4

5	Ist derjenige, der als Garant das täterschaftliche Begehungsdelikt eines anderen nicht hindert, Unterlassungstäter oder bloß Teilnehmer (mit obligatorischer Strafmilderung gem. §§ 27 II 2, 49 I)?	– **e.M.:** Wer selbst Garant ist, zumal „Beschützergarant“ (s.o. § 13 Rn. 5), ist stets Täter. **(dagg.)** Das ist zu pauschal, auch die Unterscheidung von „Beschützer-“ und „Überwachergaranten“ (s.o. § 13 Rn. 5) ist zur Differenzierung ungeeignet. – **a.M.:** Wer als Unterlassender am Begehungsdelikt eines anderen teilnimmt, ist stets Teilnehmer. **(dagg.)** Das würde auch den Vater zum bloßen Teilnehmer machen, der einen anderen dazu ermuntert, seinen Sohn ins Wasser zu stoßen (während er Täter wäre, wenn er hinzukäme, nachdem der Sohn bereits ins Wasser gestoßen wurde). – **h.M.** (vermittelnd): Abgrenzung zwischen Täterschaft und Teilnahme (durch Unterlassen) richtet sich, wie sonst, nach Tatherrschaftskriterien (ob einer „Hauptfigur“ oder „Randfigur“ ist). **Zur Vertiefung:** *Hillenkamp*, Probleme AT, 20. Problem
6	Wann liegt ein Handeln „durch einen anderen“ (§ 25 I Alt. 2) vor?	– **e.M.** (subjektive Theorie): Wenn der Hintermann „animus auctoris“ hat. **(dagg.)** Sogar wer den Tatbestand mit eigenen Händen („selbst“) verwirklicht, könnte seinem Vorsatz entsprechend als Teilnehmer bestraft werden, das widerspricht § 25 I Alt. 1 (s.o. Rn. 4). – **h.L.** (Tatherrschaftslehre): Mittelbarer Täter ist, wer kraft einer Überlegenheit (z.B. besseren Wissens) die Herrschaft über einen anderen („Tatmittler“) hat, der (wegen dieses Defizits) als „menschliches Werkzeug“ in den Händen des planvoll lenkenden Hintermanns erscheint. **Zur Vertiefung:** *Wessels/Beulke/Satzger*, Rn. 535 ff.

Wie wirkt sich der „error in persona" des Tatmittlers (§ 25 I Alt. 2) beim mittelbaren Täter (Hintermann) aus?	– **e.M.:** Als „aberratio ictus" (Fehlgehen der Tat). **(arg.)** Es handelt sich um eine Verfehlung des Ziels durch ein menschliches (statt mechanisches) Werkzeug **(dagg.)** Dies ist zu undifferenziert. – **h.M.:** Falls die Individualisierung dem Tatmittler überlassen wurde, handelt es sich auch für den Hintermann nur um einen „error in persona" (weil dieser gleichsam „durch die Augen des Tatmittlers sieht"), sonst um eine „aberratio ictus". **Zur Vertiefung:** *Jakobs*, AT, Rn. 21/106; *Wessels/Beulke/Satzger*, Rn. 550	**7**
Ist eine mittelbare Täterschaft auch dann möglich, wenn der Vordermann in einem vermeidbaren Verbotsirrtum handelt (Katzenkönig-Fall)?	**e.M.:** Nein, die Tatsache, dass der Vordermann selbst vollverantwortlich handelt, schließt seine Werkzeugeigenschaft aus (der Hintermann ist als „Anstifter" zu bestrafen). **(dagg.)** Der vermeidbare Verbotsirrtum kann ebenso hervorgerufen oder ausgenutzt werden wie der unvermeidbare Verbotsirrtum (auf Schuldebene besteht ein „Defizit"). – **h.M.:** Ja, kraft „überlegenen Wissens". **Zur Vertiefung:** *Hillenkamp*, Probleme AT, 21. Problem	**8**
Ist derjenige mittelbarer Täter, der einen anderen für sich handeln lässt, dem zwar nicht der Vorsatz, aber eine tatbestandsspezifische Absicht fehlt (sog. absichtslos-doloses Werkzeug)?	– **e.M.:** Nein, derjenige ist Anstifter der „vorsätzlich begangenen rechtswidrigen Tat" des anderen (§ 26). **(arg.)** Die reine Veranlassung einer Tat begründet (wegen ihres Anstiftungscharakters) keine mittelbare Täterschaft und die bloße Absicht verleiht als ein reines innerliches Faktum noch keine äußere Tatherrschaft. **(dagg.)** keine Anstiftung ohne Haupttat („Akzessorietät")	**9**

		– **h.M.:** Ja, da alle Tatbestandsmerkmale erfüllt sind (der eine hat die Absicht, der andere den Tatbestandsvorsatz) und „Mittäterschaft“ ausscheidet (keine „gleichberechtigten Partner“), kommt nur eine mittelbare Täterschaft (sog. normative Tatherrschaft) in Betracht. **Zur Vertiefung:** *Beulke*, KK II, Rn. 267 (51. Problem); *Fahl*, JA 2004, 287; *Kühl*, AT, § 20 Rn. 54 ff.
10	Gibt es eine mittelbare Täterschaft kraft Organisationsherrschaft?	– **e.M.:** Nein, das vollverantwortliche Handeln eines Täters (nicht einmal im Verbotsirrtum) schließt seine Werkzeugeigenschaft aus. – **(dagg.)** Austauschbarkeit der Täter (Fungibilität) und Strafwürigkeit des „Täters hinter dem Täter“ (Schreibtischtäter) – **h.M.:** Ja, diese Form der mittelbaren Täterschaft ist aber begrenzt auf staatliche Machtapparate (NS-Verbrechen; DDR-Mauerschützen), mafiaähnliche und unternehmerische Organisationsstrukturen. **Zur Vertiefung:** *Roxin*, AT/2, § 25 Rn. 105 ff.; *Wessels/Beulke/Satzger*, Rn. 541
11	Wie ist ein Täter zu bestrafen, der einen „error in persona“ eines anderen durch geschickte Manipulation (Fuchs hat erfahren, dass Schütz im Hinterhalt liegt, um eine bestimmte Person zu erschießen, dorthin lockt er seinen Feind Luchs, der erwartungsgemäß verwechselt und erschossen wird) ausnutzt (sog. Dohna-Fall)?	– **e.M.:** Als mittelbarer Täter kraft „überlegenen Wissens“ (§ 25 I Alt. 2). **(arg.)** Ebenso wie ein Verbotsirrtum (s.o. Rn. 8), kann auch ein Irrtum in der Person ausgenutzt werden. **(dagg.)** Die Tatsache, dass der Vordermann selbst ohne jedes „Defizit“ handelte, schließt seine Werkzeugeigenschaft und damit jede mittelbarer Täterschaft aus. – **a.M.:** Als „Anstifter“ (§ 26). **(arg.)** Er hat den Tatentschluss hervorgerufen, konkret diese Person zu treffen. **(dagg.)** Auf die konkrete Person kommt es bei „Gleichwertigkeit“ nicht an (s.o. § 16 Rn. 2), und bzgl. der Tötung ist der andere

	bereits fest entschlossen (omnimodo facturus). – **h.M.:** Jeder von beiden ist Täter (sog. Nebentäterschaft). **Zur Vertiefung:** *Heinrich*, AT, Rn. 1188; *Wessels/Beulke/Satzger*, Rn. 525	
Wie ist derjenige zu bestrafen, der nur glaubt, überlegenes Wissen gegenüber einem menschlichen (vermeintlich gutgläubigen) Werkzeug zu haben (sog. vermeintliche Tatherrschaft)?	– **e.M.** (subjektive Theorie): Wer die Tat „als eigene" will, also „Täterwillen" (animus auctoris) hat, ist auch als Täter zu bestrafen. **(dagg.)** Der Irrtum über die eigene Tatherrschaft verleiht noch keine Tatherrschaft (zur Animus-Theorie siehe im Übrigen oben). – **a.M.:** Wegen „versuchter mittelbarer Täterschaft" (§§ 25 I Alt. 2, 22), da der Täter immerhin Vorsatz hatte, „durch einen anderen" zu handeln. **(dagg.)** Dafür besteht kein Bedürfnis. – **h.M.:** Wegen Anstiftung, im Willen zur Täterschaft ist als „Minus" der Anstifterwille enthalten. **Zur Vertiefung:** *Rengier*, AT, § 43 Rn. 80 ff.; *Wessels/Beulke/Satzger*, Rn. 549	**12**
Wie ist der Täter zu bestrafen, wenn er subjektiv zur Tat nur anstiften wollte, objektiv aber mittelbare Täterschaft vorliegt („vermeintlich bösgläubiges Werkzeug" – sog. fehlgeschlagene Anstiftung)?	– **e.M.:** Wegen Anstiftung; subjektiv liegt Anstiftung vor, und objektiv hat er sogar noch „mehr" verwirklicht (Anstiftung ist gegenüber der Täterschaft ein „Minus"). **(dagg.)** Für die Anstiftung fehlt es an einer „vorsätzlich begangenen" rechtswidrigen Tat, da das Werkzeug in Wahrheit gutgläubig war („Akzessorietät"). – **h.M.:** Nur wegen versuchter Anstiftung (§ 30 I), die freilich bei Vergehen straflos ist („Strafbarkeitslücke" ist hinzunehmen). **Zur Vertiefung:** *Beulke*, KK I, Rn. 297 (36. Problem); *Wessels/Beulke/Satzger*, Rn. 548	**13**

14	Wann liegt „gemeinschaftliche“ (§ 25 II) Begehung vor?	– **e.M.** (subjektive Theorie): Mittäter ist jeder, der „Eigeninteresse“ hat. **(dagg.)** Sogar wer den Tatbestand mit eigenen Händen („selbst“) verwirklicht (Badewannenfall), könnte seinem Vorsatz entsprechend als Teilnehmer bestraft werden, das widerspricht § 25 I Alt. 1. – **h.L.** (Tatherrschaftslehre): Mittäter ist, wer sich mit einem anderen die Tatherrschaft teilt, d.h. auf der Grundlage eines gemeinsamen Tatplans und einer gemeinsamen Tatausführung, also einem bewussten und gewollten („arbeitsteiligen“) Zusammenwirken (funktionale Tatherrschaft), als „gleichberechtigter Partner“ erscheint. **Zur Vertiefung:** *Wessels/Beulke/Satzger*, Rn. 526 ff.
15	Ist für eine gemeinschaftliche Begehung die Mitwirkung gerade im Ausführungsstadium erforderlich?	– **e.M.** (subjektiver Theorie): Nein, „Eigeninteresse“ hat auch der Bandenchef, der selbst nicht am Tatort ist. **(dagg.)** Die (extrem) subjektive Theorie widerspricht dem Gesetz (§ 25 I Alt. 1); zu fordern ist daher über den Täterwillen (animus auctoris) hinaus auch, dass er „Tatherrschaft“ hat. – **a.M.:** Ja, „geteilte Tatherrschaft“ setzt neben einem gemeinsamen Tatplan auch eine gemeinsame Tatausführung (s.o. Rn. 13) voraus, die in einem solchen Fall fehlt. **(dagg.)** Ein „Minus“ bei der Ausführung kann durch ein „Plus“ an Planung ausgeglichen werden. – **h.M.:** Nein, nicht unbedingt. **Zur Vertiefung:** *Beulke*, KK II, Rn. 236 (47. Problem); *Wessels/Beulke/Satzger*, Rn. 529
16	Ist eine Mittäterschaft auch noch im Stadium zwischen Vollendung und Beendigung möglich (sukzessive Mittäterschaft)?	– **e.M.:** Ja, die zeitliche Reihenfolge der Tatbeiträge ist belanglos. **(dagg.)** Das liefe auf die Bestrafung des nachträglichen Vorsatzes („dolus subsequens“) bezüglich bereits verwirklichter Tatbestandsmerkmale hinaus.

	– **a.M.:** Nein, § 25 II ist Zurechnungsnorm und setzt als solche einen (zu dem Zeitpunkt) bestehenden gemeinsamen Tatplan voraus (ohne Tatplan keine Zurechnung). **(dagg.)** Tatbestandsverwirklichung noch nicht vollständig abgeschlossen – **h.M.** (vermittelnd): Nur bezüglich eines Geschehens, das deliktisch noch nicht „komplett" abgeschlossen ist. **Zur Vertiefung:** *Kühl*, AT, § 20 Rn. 126 ff.; *Wessels/Beulke/Satzger*, Rn. 527	
Wie wird derjenige Mittäter bestraft, der in Ausführung des Planes, auf Verfolger zu schießen, von einem Mittäter getroffen wird, weil dieser ihn für einen solchen gehalten hat (Verfolgerfall)?	– **e.M.:** Der unbeachtliche „error in persona" eines Mittäters ist auch für die anderen Mittäter unbeachtlich. **(arg.)** Gleichbehandlung mit der Behandlung des Personenirrtums im Falle der mittelbaren Täterschaft (s.o. Rn. 7) oder Anstiftung; Wesen der Zurechnung (§ 25 II), wenn das „Opfer" den „Programmvorgaben" („Verfolger") entspricht. **(dagg.)** An der objektiven Überschreitung des Tatplans ändert sich nichts dadurch, dass sie irrtümlich erfolgte. – **a.M.:** Aus Sicht des Getroffenen handelt es sich um eine „aberratio ictus", er haftet daher nur für den darin enthaltenen Versuch (§ 22). **(dagg.)** Konflikt mit dem Grundsatz der Straflosigkeit der Selbstverletzung – **h.L.:** Aus Sicht der anderen handelt es sich um einen sog. Mittäterexzess, für den sie nicht mit haften. **Zur Vertiefung:** *Gropp*, AT, § 13 Rn. 80 ff.; *Kühl*, AT, § 20 Rn. 119 ff.; *Rotsch*, Rn. 21 ff.; *Roxin*, AT/2, § 25 Rn. 195	17

18 Gibt es eine fahrlässige Mittäterschaft bzw. Mittäterschaft beim Fahrlässigkeitsdelikt?	– **e.M.:** Weder noch; wer selbst fahrlässig handelt, ist eben Täter (Einheitstäter). **(arg.)** Mittäterschaft basiert auf gemeinsamem Tatplan (s.o. Rn. 13), der nur vorsätzlich gefasst werden kann. **(dagg.)** Das schließt nur eine fahrlässige Mittäterschaft aus, aber noch nicht die „Zurechnung“ (über § 25 II) von Tatbeiträgen bei (arbeitsteiliger) Verwirklichung eines Fahrlässigkeitsdelikts. – **a.M.:** Mittäterschaftliche Begehung bei Fahrlässigkeitstaten ist nicht ausgeschlossen. **Zur Vertiefung:** *Rengier*, AT, § 53 Rn. 3 ff.; *Beulke/Bachmann*, JuS 1992, 737, 744

§ 26 Anstiftung

1 **Aufbauschema**

A. Strafbarkeit des Haupttäters

B. Strafbarkeit des weiteren Beteiligten als Anstifter

I. Tatbestand

1. Objektiver Tatbestand
   a) Vorsätzlich begangene, rechtswidrige Tat (sog. Haupttat)
   b) Bestimmen ⇨ *Rn. 2 ff.*
2. Subjektiver Tatbestand
   a) Vorsatz bzgl. (Vollendung der) Haupttat ⇨ *Rn. 8 ff.*
   b) Vorsatz bzgl. Bestimmen
3. Möglichkeit der Tatbestandsverschiebung, § 28 II

II. Rechtswidrigkeit

III. Schuld

IV. Strafzumessung

Möglichkeit der Strafmilderung, § 28 I

Reicht das Schaffen einer „anreizenden Situation" für ein „Bestimmen" i.S.d. § 26 (bzw. § 30) aus?	– **e.M.:** Ja, „Bestimmen" ist das „Hervorrufen des Tatentschlusses", dafür reicht jede Verursachung. – **(dagg.)** Das geht zu weit, jeder von uns schafft, bewusst oder unbewusst, solche Situationen („Gelegenheit macht Diebe"). – **a.M.:** Erforderlich ist sogar ein kollusives Verhalten („Unrechtspakt"). – **(dagg.)** Das engt die Anstiftung zu sehr ein. – **h.M.:** Erforderlich, aber auch ausreichend, ist „geistiger Kontakt". **Zur Vertiefung:** *Hillenkamp*, Probleme AT, 23. Problem; *Kühl*, AT, § 20 Rn. 171 ff.; *Roxin*, AT/2, § 26 Rn. 74 ff.	2
Hat derjenige den anderen „bestimmt" (§ 26), der ihm ein weiteres Motiv liefert, das nach Wegfall des ersten Motivs allein übrig bleibt (Motivauswechselung)?	– **e.M.:** Nein, da der Täter bereits aufgrund des ursprünglichen Beweggrundes fest zur Tat entschlossen (omnimodo facturus) war, konnte der Tatentschluss in ihm durch das neue Motiv nicht mehr „hervorgerufen" werden. **(dagg.)** Es kann keinen Unterschied machen, ob der Täter das Motiv der Tat liefert, bevor der erste Beweggrund weggefallen ist (dann Auswechselung) oder danach (dann Anstiftung). – **a.M.:** Ja (wenn in dem Moment der Tat das ursprüngliche Motiv wirklich keine Rolle mehr spielte). **Zur Vertiefung:** *Hardtung*, Herzberg-FS, S. 411, 417	3
Ist eine Anstiftung zum qualifizierten Delikt möglich, wenn der Täter zur Begehung des Grunddelikts bereits fest entschlossen war (sog. Hochstiftung)?	– **e.M.:** Ja, Veranlassung der qualifizierenden Merkmale (vor der Tat) ist stets Anstiftung zum Tatganzen. **(arg.)** Dadurch wird immerhin eine „wesentliche" Steigerung des Unwertgehalts bewirkt.	4

		(dagg.) Da der Vorsatz zur Begehung des Grunddelikts schon gefasst war, scheidet eine diesbezügliche Anstiftung aus (omnimodo facturus). – **a.M.:** Jedenfalls dort, wo es sich um ein echtes „delictum sui generis" handelt, ist eine solche „Aufstiftung" möglich. **(dagg.)** Alle Delikte sind „eigener Art". – **h.M.:** Nein, nur wenn derjenige Teil des Unrechts, das zu begehen der Täter nicht schon entschlossen war, einen eigenen Tatbestand erfüllt, ist Anstiftung zu diesem (anderen) Delikt gegeben, ansonsten liegt nur „psychische Beihilfe" vor. **Zur Vertiefung:** *Hillenkamp*, Probleme AT, 25. Problem
5	Liegt eine Anstiftung zum Grunddelikt vor, wenn der Täter ursprünglich zur Begehung des qualifizierten Delikts entschlossen war (sog. Abstiftung)?	– **e.M.:** Nein, da der Täter zur Begehung des Grunddelikts bereits entschlossen war (omnimodo facturus), konnte der Tatentschluss nicht mehr „hervorgerufen" werden, es handelt sich aber um „psychische Beihilfe" (§ 27) zum Tatganzen (s.o. Rn. 3). **(dagg.)** Damit würde aber verkannt, dass durch die „Herunterstiftung" das vorhandene Risiko lediglich verringert wurde (Grundsatz der Risikoverringerung), was die „objektive Zurechnung" (s.o. Vor § 1 Rn. 7 ff.) des Erfolges ausschließt. – **h.M.:** Weder Anstiftung (§ 26) noch Beihilfe (§ 27). **Zur Vertiefung:** *Kudlich*, JuS 2005, 592 ff.; *Wessels/Beulke/Satzger*, Rn. 571
6	Ist eine Anstiftung durch Unterlassen möglich (Teilnahme durch Unterlassen)?	– **e.M.:** Ja, es ist ein Grund erkennbar, warum nicht, wenn (wirklich) das Nichtstun (des Garanten) den Tatentschluss „hervorgerufen" hat. **(dagg.)** Bloßes Nichtstun ist noch kein „geistiger Kontakt" (s.o. Rn. 2).

	– **h.M.:** Nein, Anstiften erfordert psychische Einflussnahme. **Zur Vertiefung:** *Lackner/Kühl*, § 26 Rn. 3; LK/*Schünemann*, § 26 Rn. 54 ff.	
Wie ist derjenige zu bestrafen, der einen anderen zu einer Unterlassungstat anstiftet (z.B. die Freundin, die dem Kindsvater rät, das Kind ertrinken zu lassen, um Unterhalt zu sparen)?	– **e.M.:** Wer einen anderen zum Nichthandeln anstiftet, handelt selbst und ist somit Täter. **(dagg.)** Umdeutung der Teilnahme (am fremden Delikt) in Täterschaft (s.o. § 13 Rn. 14). – **a.M.:** Wer einen anderen zum Unterlassen bestimmt, ist Anstifter, der freilich „gleich einem Täter" (§ 26) bestraft wird (zur Anwendbarkeit des § 49 s.o. § 25 Rn. 5). **Zur Vertiefung:** *Hillenkamp*, Probleme AT, 30. Problem	**7**
Fehlt dem, der es nicht zur Deliktsvollendung (bzw. zur materiellen Beendigung) der Haupttat kommen lassen will, der Anstiftervorsatz (sog. agent provocateur)?	– **e.M.:** Nein, wer die „Beendigung" nicht will, will immerhin die Vollendung und wer die Vollendung nicht will, will noch immer den Versuch (§ 22). **(arg.)** Konstruktiv ist das Anstiftung i.S.d. § 26, welche (für verdeckte Ermittler etc.) nach § 34 gerechtfertigt sein mag. **(dagg.)** Der „agent provocateur" will es aber nicht zu einem „Schaden" kommen lassen; es fehlt der materielle „Rechtsgutsangriff". – **a.M.:** Auch wer es zwar zur (formellen) Vollendung, aber nicht zur (materiellen) Beendigung kommen lassen will, ist daher kein „Anstifter". **(dagg.)** Bloße Abwehrbereitschaft des „Lockspitzels" nimmt einem Anstifterhandeln nicht den rechtsgutverletzenden Charakter. – **h.M.** (vermittelnd): Ein Doppelvorsatz des Anstifters setzt außer dem Vorsatz bzgl. des Hervorrufens des Tatentschlusses („Bestimmens") bei verständiger Gesetzesinterpretation auch den Vorsatz bzgl. der Voll-	**8**

		endung der vorsätzlich begangenen rechtswidrigen Tat (sog. Haupttat) voraus. **Zur Vertiefung:** *Hillenkamp*, Probleme AT, 24. Problem
9	Wie wirkt sich der „error in persona“ des Haupttäters auf den Anstifter aus (Rose-Rosahl-Fall)?	– **e.M.:** Was für den einen (Haupttäter) unbeachtlich ist, muss auch für den anderen (Anstifter) unbeachtlich sein („mitgefangen, mitgehangen“). **(arg.)** Nach § 26 I ist der Anstifter „gleich einem Täter“ zu bestrafen. **(dagg.)** Sollte sich der Angestiftete, nachdem er seinen Irrtum erkannt hat, erneut auf die Lauer legen und wieder eine falsche Zielperson erschießen, so wäre der Anstifter für das ganze Gemetzel verantwortlich, obwohl er doch nur einen einzigen Mord in Auftrag gegeben hatte (sog. Blutbadargument). – **h.M.:** Was sich für den Haupttäter als „error“ darstellt, wirkt sich beim Anstifter als „aberratio ictus“ aus (d.h. es erfolgt eine Bestrafung als versuchte Anstiftung, strafbar bei Verbrechen gem. § 30, und Fahrlässigkeit). **Zur Vertiefung:** *Hillenkamp*, Probleme AT, 26. Problem
10	Wie ist der Anstifter zu bestrafen, der aufgrund eines „error in persona“ des Haupttäters selbst verletzt wird?	– **e.M.:** Wegen vollendeter Anstiftung; der Grundsatz der Straflosigkeit der Selbstverletzung gilt nicht, da der Strafgrund der Anstiftung nicht in der Verletzung fremder Rechtsgüter, sondern darin besteht, dass ein anderer in „Schuld und Strafe“ verstrickt wird (sog. Schuldteilnahmetheorie). **(dagg.)** Die Schuldteilnahmetheorie ist mit § 29 (und dem Grundsatz der „limitierten“ Akzessorietät) unvereinbar. – **a.M.:** Wegen Anstiftung zum Versuch (§§ 26, 22).

	(dagg.) Dann müsste in der Vollendung am „falschen" zugleich der Versuch am „richtigen" Objekt stecken, das ist aber nicht der Fall (s.o. § 16 Rn. 3). – **a.M.:** Nur wegen „versuchter Anstiftung" (§ 30), weil das Rechtsgut auch gegenüber dem Anstifter („gleich einem Täter") geschützt sein muss. **Zur Vertiefung:** *Schmidt*, AT, Rn. 1091 f.

§ 27 Beihilfe

Aufbauschema: Beihilfe 1

A. Strafbarkeit des Haupttäters

B. Strafbarkeit des weiteren Beteiligten als Gehilfe

I. Tatbestand

1. Objektiver Tatbestand
   a) Vorsätzlich begangene, rechtswidrige Tat (sog. Haupttat) ⇨ *Rn. 2*
   b) Hilfeleisten ⇨ *Rn. 3 ff.*
2. Subjektiver Tatbestand
   a) Vorsatz bzgl. (Vollendung der) Haupttat
   b) Vorsatz bzgl. Hilfeleisten
3. Möglichkeit der Tatbestandsverschiebung, § 28 II

II. Rechtswidrigkeit

III. Schuld

IV. Strafzumessung

Strafmilderung, § 27 II, § 28 I

Liegt eine „vorsätzlich begangene" Tat i.S.d. §§ 26, 27 vor, wenn sich der Haupttäter in einem Erlaubnistatbestandsirrtum befindet?	– **e.M.:** Nein, da der Erlaubnistatbestandsirrtum den Vorsatz bzw. die Vorsatzschuld entfallen lässt (s.o. § 16 Rn. 9). **(dagg.)** Es ist gerade der Vorteil der rechtsfolgenverweisenden Variante der eingeschränkten Schuldtheorie, dass sie Lücken im Bereich der Teilnehmerstrafbarkeit vermeidet.	2

		– **h.M.:** Ja (wichtig für die Beihilfe, Hervorrufen des Irrtums begründet schon mittelbare Täterschaft). **Zur Vertiefung:** *Hillenkamp*, Probleme AT, 22. Problem
3	Muss die „Hilfe“ für den Erfolg der Haupttat „kausal“ geworden sein?	– **e.M.:** Ja, Kausalität ist ein allgemeiner Grundsatz, von dem keine Abstriche möglich sind; sonst würde aus dem „Erfolgsdelikt“ ein „Gefährdungsdelikt“. – **(dagg.)** „Hilfeleisten“ kann vom Wortlaut her auch als Aktivität („Fördern“) statt als Erfolg verstanden werden. – **h.M.:** Beihilfe ist jedes Ermöglichen, Fördern oder sonst wie Erleichtern, ohne Rücksicht auf Kausalität. **Zur Vertiefung:** *Hillenkamp*, Probleme AT, 27. Problem
4	Kann auch in einem „geistigen Beistand“ eine „Hilfe“ gesehen werden (sog. psychische Beihilfe)?	– **e.M.:** Nein, die Beihilfe bezieht sich auf die Beeinflussung der Tat, nicht des Täters. – **(dagg.)** Die psychische Beihilfe wirkt sich (über den Täter) auch auf die Tat aus (sog. Bestärkerkausalität). – **h.M.:** Ja (allerdings darf damit nicht das Erfordernis der Garantenstellung umgangen und das bloße Nichtstun in strafbare Beihilfe umgedeutet werden). **Zur Vertiefung:** *Kühl,* AT, § 20 Rn. 225 ff.
5	Kann „Hilfe“ auch ein „normales“ oder „berufstypisches“ Alltagsverhalten sein? (sog. neutrale Beihilfe)	– **e.M.:** Nein, solches Verhalten fällt unter „Sozialadäquanz“ (s.o. Vor § 1 Rn. 15). **(arg.)** Wer sich innerhalb ihrer Grenzen bewegt, schafft nur ein „erlaubtes Risiko“. **(dagg.)** Die Grenzen sind hier fließend, als Unterscheidungskriterium ist dies zu unbestimmt. – **a.M.:** Wer sich so verhält, dem fehlt der „Vorsatz“.

	(dagg.) Eventualvorsatz genügt als Vorsatzform. – **h.M.:** Ja, wenn nicht im Einzelfall ein Rechtfertigungs- oder Entschuldigungsgrund („Zumutbarkeit“) eingreift. **Zur Vertiefung:** *Hillenkamp*, Probleme AT, 28. Problem	
Ist Beihilfe (bei Vermögensdelikten) auch noch im Stadium zwischen Vollendung und Beendigung der Tat möglich (sukzessive Beihilfe)?	– **e.M.:** Ja, es spielt keine Rolle, in welchem Stadium Tatbeiträge geleistet werden (z.B. Fahren des Täters zum Tatort, Fahren des Fluchtautos). **(arg.)** Ob der Gehilfe zusätzlich zur Ermöglichung der Tat auch noch die Sicherung der Vorteile anstrebt, ist belanglos. **(dagg.)** Das erschwert die Abgrenzung zur Begünstigung (§ 257). – **a.M.:** Nein, § 257 enthält dafür eine lex specialis mit besonderen Anforderungen, die nicht umgangen werden dürfen. **(dagg.)** Damit wird der Anwendungsbereich des § 257 zu Lasten der Beihilfe zu weit ausgedehnt. – **h.M.** differenziert: Soll die Haupttat gefördert werden, ist § 27 anwendbar, sollen die Vorteile gesichert werden, ist § 257 anwendbar („Tatfrage“). **Zur Vertiefung:** *Beulke*, KK III, Rn. 288 (66. Problem); *Krey/Esser*, Rn. 1088 ff.	6

§ 30 Versuch der Beteiligung

Aufbauschema: Versuch der Beteiligung, § 30 I 1

Vorprüfung

- Keine Vollendung ⇨ *Rn. 2*
- Strafbarkeit des Versuchs, § 30 I i.V.m. § 12 I (Verbrechen ⇨ *Rn. 3*)

I. Tatbestand

1. Subjektiver Tatbestand (Tatentschluss)
   a) Vorsatz bzgl. (der Vollendung) des Verbrechens
   b) Vorsatz bzgl. Bestimmen bzw. Kettenanstiftung
2. Objektiver Tatbestand (unmittelbares Ansetzen i.S.d. § 22 ⇨ *Rn. 4*)

II. Rechtswidrigkeit

III. Schuld

IV. Persönliche Strafausschließungs- und –aufhebungsgründe

1. Rücktritt, § 31
2. Absehen von Strafe, § 30 I 3 i.V.m. § 23 III

2	Liegt eine i.S.d. § 30 I versuchte Anstiftung auch dann vor, wenn der Anzustiftende schon keinen Tatentschluss fasst?	– **e.M.:** Nein, § 30 I betrifft nur den Fall, dass der Angestiftete die Tat nicht bis zum Erreichen des strafbaren Versuchsstadiums ausführt. **(dagg.)** Der Wortlaut enthält eine solche Einschränkung nicht. – **h.M.:** Ja. **Zur Vertiefung:** HK-GS/*Letzgus,* § 30 Rn. 8; NK/*Zaczyk*, § 30 Rn. 12
3	Muss sich die Tat in der Person des Täters oder in der Person des Anstifters (§ 28) als Verbrechen darstellen?	– **e.M.:** Die Tat muss in der Person des Täters Verbrechen (z.B. § 211 statt § 216) sein. **(arg.)** Durch § 30 sollen besonders schwere Straftaten verhindert, nicht besonders gefährliche Täter bestraft werden. **(dagg.)** Es ist nicht einzusehen, wieso die Einwirkung auf einen Dritten, der das Sterbeverlangen umsetzen soll, schon strafbar sein soll, die Verabredung mit einem anderen, dem gegenüber das Sterbeverlangen ebenfalls geäußert wurde, jedoch nicht. – **a.M.:** Es muss sich für beide um ein Verbrechen handeln. **(dagg.)** Der Gesetzgeber gewichtet bestimmte Taten nun einmal in Abhängigkeit von der Personen unterschiedlich.

	– **h.M.:** Es muss sich in der Person des Auffordernden um ein Verbrechen handeln. **Zur Vertiefung:** *Joecks*, § 30 Rn. 8 f.; *Kindhäuser*, LPK, § 30 Rn. 8 ff.	
Wann beginnt der Versuch des Bestimmens?	– **e.M.:** Der Versuch beginnt erst mit der tatsächlichen Aufforderung. **(dagg.)** Das ist nicht mit dem Wortlaut vereinbar und widerspricht den allgemeinen Kriterien zum Versuchsbeginn. – **h.M.:** Es genügt, dass aus Sicht des Täters alles Notwendige zur Tatbestandsverwirklichung getan, z.B. der Brief mit der Aufforderung abgesandt ist. **Zur Vertiefung:** *Joecks*, § 30 Rn. 10; *Kindhäuser*, LPK, § 30 Rn. 5 ff.	4
Setzt Sich-Bereit-Erklären (§ 30 II) Zugang voraus?	– **e.M.:** Ja, ansonsten handelt es sich bloß um den straflosen Versuch des Bereiterklärens. **(dagg.)** Einheitlichkeit mit § 30 I (s.o. Rn. 4) – **h.M.:** Nein, tatsächliche Kenntnisnahme ist aber nicht erforderlich. **Zur Vertiefung:** *Kindhäuser*, LPK, § 30 Rn. 19 ff.	5

§ 31 Rücktritt vom Versuch der Beteiligung

Ist objektiv oder subjektiv zu beurteilen, ob eine Gefahr i.S.d. § 31 I Nr. 1 besteht?	– **e.M.:** Objektiv, der Rücktrittswillige trägt die Gefahr der Fehleinschätzung. **(dagg.)** Über die Abgrenzung von beendetem und unbeendetem Versuch entscheidet allein die Vorstellung. – **a.M.:** Subjektiv, aus Sicht des Zurücktretenden. **Zur Vertiefung:** *Kühl*, AT, § 20 Rn. 258; LK/ *Schünemann*, § 31 Rn. 5 ff.	1

2 Muss die Aufgabe des Verbrechens (§ 3 I Nr. 2) nach außen getreten sein?	– **e.M.:** Ja, das entsprach dem Wille des Gesetzgebers; Beweisschwierigkeiten **(dagg.)** Wortlaut – **h.M.:** Nein **Zur Vertiefung:** *Lackner/Kühl*, § 31 Rn. 4, NK/*Zaczyk*, § 31 Rn. 7

Vor §§ 32 ff. Rechtfertigung

1 **Aufbauschema: Rechtfertigende Einwilligung**

I. Objektiver Rechtfertigungstatbestand

1. Disponibilität (= Verzichtbarkeit) ⇨ *Rn. 7*
2. Dispositionsbefugnis (z.B. Eltern für Kind)
3. Einwilligungserklärung (ausdrücklich oder konkludent; vor der Tat erklärt und bei der Tat noch wirksam) ⇨ *Rn. 10*
4. Einwilligungsfähigkeit des Einwilligenden ⇨ *Rn. 9*
5. Keine Willensmängel ⇨ *Rn. 11 f.*
6. (Bei Körperverletzung) keine Sittenwidrigkeit, § 228

II. Subjektiver Rechtfertigungstatbestand ⇨ *Rn. 8*

Handeln in Kenntnis und aufgrund der Einwilligung

2 **Aufbauschema: Mutmaßliche Einwilligung**

I. Subsidiarität der mutmaßlichen Einwilligung

1. Ausdrückliche Einwilligung nicht oder nicht schnell genug zu erlangen ⇨ *Rn. 13*
2. Entgegenstehender Wille des Rechtsgutsinhaber weder bekannt noch erkennbar

II. Objektiver Rechtfertigungstatbestand

1. Disponibilität des verletzten Rechtsguts
2. Einwilligungsfähigkeit des Einwilligenden
3. Handeln im materiellen Interesse des Rechtsgutsinhabers

   oder

   Handeln im mangelnden Interesse des Rechtsgutsinhabers

III. Subjektiver Rechtfertigungstatbestand

Handeln (in Kenntnis bzw.) aufgrund der mutmaßlichen Einwilligung

Bedarf es zur Rechtfertigung eines sog. subjektiven Rechtfertigungselements (sog. Verteidigungswille bei § 32 bzw. Rettungswille bei § 34) und wie ist derjenige zu bestrafen, dem es fehlt?	– **e.M.:** Nein, davon steht nichts im Gesetz; es doch zu fordern wäre eine (im Strafrecht verbotene) Analogie zu Lasten des Täters; der Täter ist objektiv gerechtfertigt und bleibt daher straffrei. **(dagg.)** Parallelität von Tatbestand und Rechtfertigungstatbestand („Unrecht"); das Wörtchen „um" in §§ 32, 34 – **a.M.:** Es bedarf zur Rechtfertigung eines von Rechtfertigungsgrund zu Rechtfertigungsgrund unterschiedlichen sog. subjektiven Rechtfertigungselements, ohne das der Täter (mangels Rechtfertigung) wegen des vollendeten Delikts zu bestrafen ist. **(dagg.)** Dann würde vernachlässigt, dass zwar ein „Handlungsunwert" gegeben ist, dass dem Delikt aber der „Erfolgsunwert" fehlt. – **h.M.:** Der Täter ist nur wegen Versuchs (§§ 22, 23 I) zu bestrafen. **Zur Vertiefung:** *Hillenkamp*, Probleme AT, 4. Problem	**3**
Ist zur Rechtfertigung von Fahrlässigkeitstaten ein „subjektives Rechtfertigungselement" nötig?	– **e.M.:** Ja (s.o. Rn. 3). **(dagg.)** Wer gar nicht handeln „will", kann auch nicht „retten" oder „verteidigen" wollen (bei Fahrlässigkeitsdelikten gibt es keinen subjektiven Tatbestand, also braucht es auch keinen subjektiven Rechtfertigungstatbestand, um das durch den Tatbestand indizierte Unrecht zu kompensieren). – **h.M.:** Nein. **Zur Vertiefung:** *Fahl*, Jura 2003, 60, 64 f.; *Roxin*, AT/1, § 24 Rn. 102 f.	**4**

5	Liegt ein Rettungs- oder Verteidigungswille (bei der Selbstverteidigung oder im Falle der Nothilfe) vor, wenn die Rettung bzw. Verteidigung nicht der eigentliche Beweggrund, sondern ein anderes Motiv „Hauptgrund" ist?	– **e.M.:** Nein, das grenzt schon an Rechtsmissbrauch unter dem Deckmantel des Rechtfertigungsgrundes. **(dagg.)** Die Parallelität zum Tatbestand gebietet es, sich auch auf der subjektiven Ebene der Rechtfertigung mit weniger als „Absicht" zu begnügen. – **h.M.:** Ja, entsprechend dem Eventualvorsatz auf Tatbestandsebene. **Zur Vertiefung:** *Roxin,* AT/1, § 14 Rn. 97 ff.
6	Wirkt die Zustimmung des Rechtsgutsinhabers tatbestandsausschließend oder rechtfertigend?	– **e.M.:** Tatbestandsausschluss (Einverständnis) **(arg.)** Bei Zustimmung liegt schon keine Rechtsgutsverletzung vor. **(dagg.)** § 228 schließt nach seinem ausdrücklichen Wortlaut nur die Rechtswidrigkeit aus. – **a.M.:** Die Zustimmung wirkt als Rechtfertigungsgrund (Einwilligung). **(dagg.)** Dies ist zu pauschal. – **h.M.** differenziert: Je nachdem, ob sich der gesetzliche Unwert gerade daraus ergibt, dass die Tathandlung „gegen" oder „ohne Willen" des Verletzten erfolgt (dann „tatbestandsausschließendes Einverständnis"), oder nicht (dann „rechtfertigende Einwilligung"). **Zur Vertiefung:** *Roxin*, AT/1, § 13 Rn. 2 ff; *Wessels/Beulke/Satzger*, Rn. 366 ff.
7	Gibt es eine „Einwilligung" außerhalb der Körperverletzungsdelikte?	– **e.M.:** Nein, eine solche steht nur bei § 228. **(dagg.)** Die Einwilligung entspricht einem allgemeinen Rechtsgedanken („volenti non fit iniuria"). – **h.M.:** Die Einwilligung ist ein allgemeiner Rechtfertigungsgrund. **Zur Vertiefung:** *Kühl*, AT, § 9 Rn. 20

Gibt es ein subjektives Rechtfertigungselement bei der „Einwilligung"?	– **e.M.:** Nein, schon die Zustimmung des Rechtsgutsinhabers (s.o. Rn. 6) und nicht erst die Kenntnis davon schließt die Rechtswidrigkeit aus. **(dagg.)** Als Rechtfertigungsgrund ist die Einwilligung wie die anderen Rechtfertigungsgründe konstruiert. – **h.M.:** Subjektives Element ist dort das Handeln „in Kenntnis und auf Grund" der Einwilligung. **Zur Vertiefung:** *Kühl*, AT, § 9 Rn. 41; *Wessels/Beulke/Satzger*, Rn. 379	**8**
Welche Anforderungen sind bei Minderjährigen an die Einwilligung zu stellen?	– **e.M.:** Geschäftsfähigkeit (§§ 104 ff. BGB entsprechend) **(arg.)** Einheit der Rechtsordnung **(dagg.)** Eigenständigkeit des Strafrechts; es geht um die Frage der Strafwürdigkeit von Handlungen, nicht um den Schutz des Minderjährigen vor Eingehung rechtlicher Verbindlichkeiten. – **h.M.:** Strafrechtlich richtet sich die „Einwilligungsfähigkeit" nach der Einsichts- und Urteilsfähigkeit. **Zur Vertiefung:** *Hillenkamp*, Probleme AT, 6. Problem	**9**
Ist die Einwilligung frei widerruflich?	– **e.M.:** Nein, ausnahmsweise nicht. **(dagg.)** Grundsatz der Selbstbestimmungsfreiheit (Autonomie) – **h.M.:** Die Einwilligung ist jederzeit „frei" widerruflich. **Zur Vertiefung:** *Jakobs*, Rn. 7/110	**10**
Ist eine auf Täuschung beruhende Einwilligung wirksam oder unwirksam?	– **e.M.:** Die auf Täuschung beruhende Einwilligung ist wirksam; der Grund der Einwilligung ist bloß „Motiv". **(dagg.)** Unterschied zum „Einverständnis" (s.o. Rn. 6), das auch gültig ist, wenn es durch Täuschung erschlichen wurde	**11**

		– **h.M.:** Einwilligung setzt im Unterschied dazu die „Freiheit von Willensmängeln" (Aufklärungspflicht!) voraus. **Zur Vertiefung:** *Hillenkamp*, Probleme AT, 7. Problem
12	Wirkt eine Einwilligung rechtfertigend, die trotz Aufklärung unvernünftigerweise aufrechterhalten wird (z.B. in eine Zahnextraktion, die die Beschwerden nach medizinischer Erkenntnis nicht mindern kann)?	– **e.M.:** Nein, wenn die Einwilligung aufrechterhalten bleibt, kann nicht genügend aufgeklärt worden sein. **(dagg.)** Das ist zirkelschlüssig. – **a.M.:** Ja, der Sinn und Zweck der Aufklärungspflicht besteht nicht darin, dass der Geschädigte vernünftig handelt, sondern darin, ihn in den Stand zu versetzen, vernünftig zu handeln. **Zur Vertiefung:** *Roxin*, AT/1, § 13 Rn. 86 ff.
13	Reicht zur Rechtfertigung auch eine „mutmaßliche Einwilligung" aus?	– **e.M.:** Nein, nur die „aktuelle Einwilligung" kann rechtfertigende Kraft entfalten („volenti non fit iniuria"). **(arg.)** Für Güterabwägungen gilt § 34. **(dagg.)** Es gibt Lücken in der Selbstbestimmungsfreiheit (Autonomie); § 34 setzt voraus, dass auf Eingriffs- und Erhaltungsseite verschiedene Rechtsgüter stehen. – **h.M.:** Die „mutmaßliche" Einwilligung greift dann ein, wenn eine aktuelle Einwilligung nicht oder nicht rechtzeitig eingeholt werden kann. **Zur Vertiefung:** *Kühl*, AT, § 9 Rn. 46 f.
14	Kann auch eine „hypothetische Einwilligung" rechtfertigend wirken?	– **e.M.:** Nein, „hypothetische" Erwägungen (was wäre, wenn) haben bei der Einwilligung keinen Platz. **(dagg.)** Insb. bei umfänglichen Aufklärungspflichten unterlaufen leicht kleine Fehler, die aber nichts daran ändern, dass der Einwilligende aufgrund autonomer Entscheidung zugestimmt hätte.

	– **h.M.:** Für den Fall, dass zugestimmt worden wäre, wenn richtig aufgeklärt worden wäre, kann auch die „hypothetische Einwilligung“ rechtfertigende Kraft entfalten. **Zur Vertiefung:** *Kühl*, AT, § 9 Rn. 47a
Schließt das „elterliche Erziehungsrecht“ die Strafbarkeit aus?	– **e.M.** (früher h.M.): Ja, es handelt sich um einen eigenständigen Rechtfertigungsgrund. **(dagg.)** § 1631 II 2 BGB – **a.M.:** Im Hinblick auf das elterliche Erziehungsrecht aus Art. 6 II GG sind die einzelnen Deliktstatbestände verfassungskonform so auszulegen, dass sich für Eltern keine Strafbarkeit (z.B. keine üble und „unangemessene“ Behandlung bei § 223 I Alt. 1; nicht „verwerflich“ bei § 240 usw.) ergibt. **(dagg.)** Dann hätte es schon des früher sog. Züchtigungsrechts dafür nicht bedurft. – **a.M.:** Es fehlt an der Strafwürdigkeit bzw. Strafbedürftigkeit. **(dagg.)** Ein „übergesetzlicher“ Strafausschluss lässt sich immer erfinden. – **h.M.:** Nein, allenfalls kommen Strafmilderung bzw. (prozessual) Einstellung des Verfahrens nach §§ 153, 153a StPO in Betracht. **Zur Vertiefung:** *Heinrich*, AT, Rn. 520 ff.; *Wessels/Beulke/Satzger*, Rn. 386 ff. 15

Aufbauschema: Festnahmerecht gem. § 127 StPO 16

I. Objektiver Rechtfertigungstatbestand

1. Täter auf frischer Tat betroffen oder verfolgt ⇨ *Rn. 17*
2. Fluchtverdacht oder Unmöglichkeit sofortiger Identitätsfeststellung
3. Festnahmehandlung

II. Subjektiver Rechtfertigungstatbestand

Festnahmeabsicht

17	Setzt der Rechtfertigungsgrund des §127 I StPO das tatsächliche Vorliegen einer Straftat voraus oder genügt es, dass insoweit lediglich ein „Verdacht“ besteht?	– **e.M.:** Bei strafprozessualen Vorschriften ist immer der Tatverdacht ausreichend (wie bei § 127 II StPO). **(arg.)** § 127 I StPO dient nicht privaten, sondern öffentlichen Interessen, daher darf auch die Irrtumslast nicht dem braven Bürger auferlegt werden. **(dagg.)** Dem unschuldig Festgenommenen würde sein Notwehrrecht (dem Privaten gegenüber) genommen. – **h.M.:** Das „Jedermannsrecht“ des § 127 I StPO setzt voraus, dass die Tat wirklich begangen wurde; der „Erlaubnistatbestandsirrtum“ ermöglicht die sachgerechte Lösung (s.o. § 16 Rn. 9). **Zur Vertiefung:** *Joecks*, Vor § 32 Rn. 52 f..

§ 32 Notwehr

1 **Aufbauschema**

I. Objektiver Rechtfertigungstatbestand

1. Notwehrlage
   a) Angriff ⇨ *Rn. 2 ff.*
   b) Gegenwärtigkeit des Angriffs ⇨ *Rn. 6 ff.*
   c) Rechtswidrigkeit des Angriffs
2. Notwehrhandlung
   a) Verteidigung ⇨ *Rn. 10*
   b) Erforderlichkeit
      aa) Geeignetheit zur Beendigung des Angriffs
      bb) Relativ mildestes Mittel ⇨ *Rn. 9*
   c) Gebotenheit ⇨ *Rn. 11 f.*
      aa) Ausschluss bzw. Einschränkung des Notwehrrechts, z.B.
      – Angriffe von Schuldlosen
      – Krasses Missverhältnis ⇨ *Rn. 13*
      – Notwehrprovokation ⇨ *Rn. 14 f.*
      – Enge persönliche Beziehungen ⇨ *Rn. 1*
      – Sonstige Fallgruppen: Bagatellangriffe, Unfugabwehr, Folter (⇨ *Rn. 18*), Chantage etc. (⇨ *Rn. 16*)

bb) Stufenfolge:

(1) Ausweichen

(2) Falls nicht möglich: Schutzwehr

(3) Falls unmöglich oder unwirksam: maßvolle Trutzwehr

II. Subjektiver Rechtfertigungstatbestand

Verteidigungswille ⇨ *Vor § 32 Rn. 3 ff.*

Muss der Angriff einen Straftatbestand erfüllen?	– **e.M.:** Ja, „rechtswidrig" heißt auch „tatbestandsgemäß" (§ 11 I Nr. 5). **(dagg.)** Das gilt nur für die „rechtswidrige Tat" (§ 11 I Nr. 5), nicht für den Angriff (auf Rechtsgüter). – **h.M.:** Auch tatbestandslose Rechtsgutsangriffe fallen unter § 32 II. **Zur Vertiefung:** *Fischer*, § 32 Rn. 8	2
Muss der Angriff wenigstens „gezielt" bzw. „mit Schädigungsvorsatz" vorgetragen bzw. „schuldhaft" sein?	– **e.M.:** Ja, das verlangt schon das Wort „Angriff" (sonst handelt es sich nur um „Gefahr" i.S.d. §§ 34, 35). **(dagg.)** § 32 spricht nur von einem „rechtswidrigen", nicht von einem „vorsätzlich-rechtswidrigen" (oder gar „schuldhaften") Angriff. – **h.M.:** Nein, dergleichen ist nicht erforderlich, auch „fahrlässige" Angriffe (oder solche von Schuldunfähigen) fallen grds. darunter. **Zur Vertiefung:** *Freund*, AT, § 3 Rn. 98 ff.; *Otto*, AT, § 8 Rn. 18 ff.; Schönke/Schröder/*Lenckner*/*Perron*, § 32 Rn. 3	3
Kann ein Angriff auch in einem Unterlassen bestehen?	– **e.M.:** Nein, der Wortlaut verlangt etwas „Aktives". **(dagg.)** § 13 behandelt Tun und Unterlassen unter bestimmten Voraussetzungen gleich. – **h.M.:** Ja, bei Vorliegen der Voraussetzungen des § 13. **Zur Vertiefung:** *Kühl*, AT, § 7 Rn. 29 ff.	4

5	Kann auch gegen einen tierischen „Angriff" Notwehr geübt werden?	– **e.M.:** Ja, der „Angriff" kann auch von einem Tier ausgehen, der Wortlaut lässt das zu. **(dagg.)** Da Tiere als Sachen behandelt werden, würden die Grenzen zu §§ 228, 904 BGB bzw. zu § 34 verwischen. – **h.M.:** Nein, jedoch kann darin der Angriff eines Menschen durch Tun (gehetzter Hund) oder Unterlassen (Anleinpflicht) liegen. **Zur Vertiefung:** *Kühl*, AT, § 7 Rn. 26 f.; *Roxin*, AT/1, § 15 Rn. 6; LK/*Rönnau/Hohn*, § 32 Rn. 99
6	Liegt Notwehr vor, wenn ein Einbrecher durch eine von ihm ausgelöste automatisierte Vorrichtung (Selbstschussanlage z.B.) getroffen wird (sog. antizipierte Notwehr)?	– **e.M.:** Nein, es fehlt an der „Gegenwärtigkeit" des Angriffs zum Zeitpunkt der Notwehrhandlung (Errichtung der Schutzvorrichtung). **(arg.)** „Präventivnotwehr" gegen künftige Angriffe ist nicht von § 32 gedeckt, allenfalls von § 34 („Dauergefahr", „Güterabwägung"). **(dagg.)** Zum Zeitpunkt des Notwehrerfolges (Auslösen der Abwehrvorrichtung) ist der Angriff „gegenwärtig". – **a.M.:** Es fehlt an der „Erforderlichkeit"; eine Selbstschussanlage ist niemals das mildeste Mittel, da sie die „Stufenfolge" (Warnschuss, Beinschuss, Körpertreffer) nicht einhalten kann; außerdem fehlt es an der „Gebotenheit", weil Selbstschussanlagen gegen die Menschenwürde verstoßen, da sie den Menschen zum „Objekt" machen (Art. 1 GG). **(dagg.)** Zum Zeitpunkt des Auslösens ist der Schuss aber „das mildeste unter den sicher wirksamen Mitteln" (ein anderes Mittel steht nicht zur Verfügung); einer der anerkannten Fälle der „sozialethischen Notwehreinschränkungen" liegt nicht vor. **a.M.:** Abzustellen ist nicht auf den Moment der Installation, sondern des Auslösens der Anlage: Es kommt darauf an, ob

	ein entsprechendes Verhalten eines Menschen (z.B. Gewehrschuss) gerechtfertigt gewesen wäre, weil ein gegenwärtiger, rechtswidriger Angriff vorlag, durch Warntafeln ausreichend auf die Gefahren hingewiesen wurde und nicht in concreto ein Kind oder Schuldunfähiger getroffen wurde, ein Bagatellangriff oder krasses Missverhältnis (s.u. Rn. 11) etc. vorlag. **Zur Vertiefung:** *Wessels/Beulke/Satzger*, Rn. 329a; *Kudlich*, AT, Nr. 82 m.w.N.	
Ist Notwehr noch gegen den mit der Beute flüchtenden Dieb möglich?	– **e.M.:** Nein, mangels „Gegenwärtigkeit" des Angriffs. **(dagg.)** Der Diebstahl ist zwar „vollendet", aber noch nicht „beendet" (Gegenwärtigkeit ist gegeben, solange die Verletzung noch nicht abgeschlossen ist). – **h.M.:** Ja, solange eine Wiedererlangung der Beute noch möglich erscheint. **Zur Vertiefung:** *Wessels/Beulke/Satzger*, Rn. 328; *Fahl*, JA 2000, 460	7
Ist in den Fällen der (Schweigegeld-) Erpressung nach Aussprechen der Drohung noch Notwehr gegen den Erpresser möglich?	– **e.M.:** Nein, der Angriff ist mit Ausspruch der Drohung beendet. **(dagg.)** Die Drohung wirkt fort auf die Willensfreiheit. – **h.M.:** Ja, doch scheitert es dann an der Erforderlichkeit, wenn das Hinzuziehen staatlicher Hilfe möglich ist. **Zur Vertiefung:** *Roxin*, AT/1, § 15 Rn. 100 ff.	8
Liegt in den Fällen der Nötigung mit der Androhung der Offenbarung einer Straftat ein milderes Mittel (als das Vorgehen gegen den Nötigenden) in der Inanspruchnahme staatlicher Hilfe?	– **e.M.:** Nein, dann käme ja auch die betreffende Straftat ans Licht. **(dagg.)** § 154c StPO – **a.M.:** Ja (es sei denn, die Hilfe käme zu spät). **Zur Vertiefung:** *Roxin*, AT/1, § 15 Rn. 54	9

10	Rechtfertigt § 32 („Verteidigung“) die Verletzung von Sachen eines Dritten, derer sich der Angreifer bei seinem Angriff bedient (sog. Drittwirkung der Notwehr)?	– **e.M.:** Nein, das ist ein Fall des Aggressivnotstands (§ 34 bzw. § 904 BGB). **(arg.)** „Verteidigung“ setzt begrifflich voraus, dass sie sich gegen Rechtsgüter des Angreifers richtet. **(dagg.)** Dann dürfte man sich gegen das Abschneiden seiner Haare mittels eines gestohlenen kostbaren Samuraischwertes nicht durch die Zerstörung desselben erwehren (Güterabwägung). – **a.M.:** Ja, zumindest das „Angriffswerkzeug“ (nicht aber z.B. die fremde Kleidung, die der Angreifer trägt) teilt das Schicksal des „Angreifers“. **Zur Vertiefung:** *Roxin,* AT/1, § 15 Rn. 124 ff.
11	Gibt es „sozialethische Einschränkungen“ bei der Notwehr?	– **e.M.:** Nein, davon steht nichts im Gesetz, insb. ist die Gebotenheit kein wirkliches Tatbestandsmerkmal, denn wann eine Tat „durch Notwehr geboten ist“, besagt § 32 II. **(dagg.)** Die Tat muss durch Notwehr auch „geboten“ sein (§ 32 I); der historische Gesetzgeber hat die Formulierung eigens aufrechterhalten, um damit einen Anknüpfungspunkt für Ausnahmen zu haben. – **h.M.:** Ja, z.B. beim Angriff von Schuldlosen (Kindern, Betrunkenen, erkennbar Irrenden), bei „krassem“ Missverhältnis (von verteidigtem und geopfertem Gut), bei Notwehrprovokation und innerhalb enger familiärer Beziehungen, Bagatellangriffe, Unfugabwehr, Folter, Chantage etc. **Zur Vertiefung:** *Kühl*, AT, § 7 Rn. 157 ff.; *Roxin*, AT/1, § 15 Rn. 55 ff.; *Wessels/Beulke/Satzger*, Rn. 342
12	Wird das (private) Notwehrrecht durch Art. 2 II MRK eingeschränkt?	**e.M.:** Ja, die MRK, der die Bundesrepublik beigetreten ist, verbietet die Tötung eines Menschen zur Verteidigung von Sachwerten.

	(dagg.) Die Konvention betrifft als völkerrechtlicher Vertrag nur das Verhältnis der Vertragsstaaten zueinander, ist auf hoheitliche Eingriffe beschränkt und lässt das private Notwehrrecht im Verhältnis der Bürger untereinander unberührt. – **a.M.:** Nein, doch gelten auch im deutschen Recht „sozialethische Notwehreinschränkungen" (s.o. Rn. 5) im Falle eines „krassen" Missverhältnisses zwischen geopfertem und bewahrtem Gut. **Zur Vertiefung:** *Hillenkamp*, Probleme AT, 3. Problem	
Wie groß muss das Missverhältnis zwischen geopfertem und bewahrtem Gut für eine „sozialethische Notwehreinschränkung" sein?	– **e.M.:** Wie sonst beim „Verhältnismäßigkeitsgrundsatz" muss das bewahrte Gut zu dem geopferten außer Verhältnis stehen. **(dagg.)** Dann handelt es sich zwar um ein „Missverhältnis", aber noch nicht um ein „krasses"; die Notwehr kennt keine Verhältnismäßigkeitsabwägung (wie § 34). – **a.M.:** Davon kann nur die Rede sein, wenn das bewahrte Gut zu dem geopferten „außerhalb jeden Verhältnisses" steht – das muss nicht so sein bei Tötung zur Verteidigung von Sachwerten (eines Stückes Brot oder einer Handvoll Kohle in Zeiten wirtschaftlicher Not). **Zur Vertiefung:** LK/*Rönnau/Hohn*, § 32 Rn. 230 ff.	**13**
Ist derjenige durch Notwehr gerechtfertigt, der den Angriff absichtlich provoziert hat (Absichtsprovokation)?	– **e.M.:** Ja, Angriff ist Angriff, das Recht braucht dem Unrecht nicht zu weichen. **(dagg.)** Wer sich so verhält, stellt sich außerhalb des Rechts, er bewahrt das Recht nicht, sondern verletzt es und wird selbst zum Angreifer. – **a.M.:** Nein, der Provokateur verzichtet durch sein Verhalten auf Schutz. **(dagg.)** Ein Verzicht ist bei unverzichtbaren Rechtsgütern (wie Leben) nicht möglich.	**14**

		– **a.M.:** Nein, im Zeitpunkt der Gegenwehr ist der Provokateur gerechtfertigt, daher ist an den früheren Zeitpunkt der Provokation anzuknüpfen (actio illicita in causa). **(dagg.)** Die actio illicita ist ebenso fragwürdig wie die actio libera in causa (s.o. § 20 Rn. 3). – **h.M.:** Wer den Angriff absichtlich provoziert, „missbraucht" sein Notwehrrecht, um unter dem Deckmantel der Notwehr zu verletzen und muss sich daher Abstriche von dem „vollen" Notwehrrecht gefallen lassen, d.h. er muss ausweichen oder „Schutzwehr" statt „Trutzwehr" üben, solange das möglich ist (die eigene Tötung muss aber nicht hingenommen werden). **Zur Vertiefung:** *Hillenkamp*, Probleme AT, 2. Problem
15	Muss derjenige sich Beschränkungen seines Notwehrrechts gefallen lassen, der den Angriff sonst schuldhaft – d.h. (bedingt) vorsätzlich oder (bewusst) fahrlässig – provoziert hat?	– **e.M.:** Ja, wenn sein Verhalten „rechtswidrig" war. **(dagg.)** Bei der Absichtsprovokation ist auch nicht erforderlich, dass das Verhalten rechtswidrig war, wenn dort „Hänseleien" und „Neckereien" reichen, dann muss das hier ebenso gelten. – **a.M.:** Ja, sofern das Vorverhalten nicht nur „sozial-adäquat", sondern „sozialwidrig" gewesen ist. **(dagg.)** Das ist uferlos. – **a.M.:** Nein, selbst wer bedingt vorsätzlich oder grob fahrlässig andere provoziert, schafft nur ein „erlaubtes Risiko". **Zur Vertiefung:** *Wessels/Beulke/Satzger*, Rn. 348
16	Ist ein Dritter auch dann zur Nothilfe befugt, wenn der Angegriffene Hilfe ablehnt (sog. aufgedrängte Nothilfe)?	– **e.M.:** Ja, Gesetzeswortlaut, der Nothelfer hat ein eigenes Recht. **(dagg.)** Das Nothilferecht dient aber der Durchsetzung von Individualinteressen des Angegriffenen.

	– **a.M.:** Aufgedrängte Nothilfe ist unzulässig. **(dagg.)** Der Nothelfer handelt daneben auch zur Verteidigung der Rechtsordnung (dualistische Notwehrbegründung). – **h.M.** (vermittelnd): Wo der Angegriffene die Hilfe berechtigter- oder verständlicherweise ablehnt, ist das Nothilferecht sozialethisch einzuschränken. **Zur Vertiefung:** *Fischer*, § 32 Rn. 11	
Kommt es für die sozialethische Einschränkung der Nothilfe bei enger familiärer Beziehung auf den Angreifer oder Verteidiger an?	– **e.M.:** Es kommt darauf an, ob der Helfer (Verteidiger) zu dem Angreifer in enger familiärer Beziehung steht. **(arg.)** Sonst könnte der Angegriffene die nur für ihn geltenden Einschränkungen umgehen, indem er Nothelfer anheuerte. **(dagg.)** Das ginge zu Lasten des Schutzes des Angegriffenen, der auf Hilfe angewiesen ist und mit den familiären Bindungen des Angreifers nichts zu tun hat. – **a.M.:** Es kommt darauf an, ob der Angegriffene familiäre Bindungen zu dem Angreifer hat; die Einschränkungen, die für die Notwehr gelten, muss auch der Nothelfer respektieren (wenn er sie kennt). **Zur Vertiefung:** *Fahl*, Jura 2003, 60, 64; *Kühl*, AT, § 7 Rn. 204	**17**
Gibt es eine sozialethische Notwehreinschränkung, dass „Folter" (dem Privatmann) unter allen Umständen verboten ist (sog. Rettungsfolter)?	– **e.M.:** Nein, in den Grenzen der Erforderlichkeit (mildestes Mittel) kann man auch dieses Mittel nicht verwehren, ohne dem Opfer eine illegitime Aufopferungspflicht aufzuerlegen. **(arg.)** Art. 4 der UN-Folterkonvention und andere internationale Übereinkommen gegen die Folter binden nur die Staaten und lassen das private Notwehrrecht der Bürger untereinander unberührt. **(dagg.)** Jegliche „Folter" ist menschenrechtswidrig	**18**

	– **h.M.:** Ja, das internationale Folterverbot gilt ausnahmslos (auch für Private) und „absolut“. **Zur Vertiefung:** *Kühl*, AT, § 7 Rn. 156a; *Fahl*, Jura 2007, 743 ff.; *Roxin,* AT/1, § 15 Rn. 103 ff.
19 Können sich auch Polizisten zur Rechtfertigung ihrer Handlungen auf die §§ 32, 34 berufen (Anwendbarkeit auf Hoheitsträger)?	– **e.M.:** Die öffentlich-rechtlichen Befugnisnormen sind leges speciales, die §§ 32, 34 vermögen die Handlungsmöglichkeiten des Staates nicht zu erweitern. **(arg.)** Was öffentlich-rechtlich verboten ist, kann nicht strafrechtlich erlaubt sein („Einheit der Rechtsordnung“); der Rückgriff auf § 34 würde alle Eingriffsvoraussetzungen öffentlich-rechtlicher Befugnisnormen obsolet machen. **(dagg.)** Dem Polizist stehen als „Bürger in Uniform“ nicht weniger Rechte zu als Privaten, sondern mehr; verfassungswidrige Einschränkung des Bundesrechts durch Landesrecht. – **a.M.:** Zumindest das Selbstverteidigungsrecht nach § 32 kann dem Polizisten (auch während der Dienstausübung) nicht genommen werden. **Zur Vertiefung:** *Hillenkamp*, Probleme AT, 5. Problem

§ 33 Überschreitung der Notwehr

1 **Aufbauschema: Notwehrexzess**

I. Objektive Voraussetzungen

1. Wirklich bestehende Notwehrlage: gegenwärtiger, rechtswidriger Angriff auf ein Rechtsgut ⇨ *Rn. 2*
2. Überschreiten der Grenzen der Notwehr
   a) Eingriff in Rechtsgüter des Angreifers (nicht in Rechtsgüter Dritter)
   b) Notwehrhandlung aber nicht erforderlich oder nicht geboten

II. Subjektive Voraussetzung

Handeln aus Verwirrung, Furcht oder Schrecken (= asthenische Affekte) ⇨ *Rn. 3 f.*

Fällt auch die Überschreitung der „Grenzen der Notwehr“ in zeitlicher Hinsicht unter § 33 (sog. extensiver Notwehrexzess)?	– **e.M.:** Nein, mit „Grenzen“ sind nur die Grenzen der Erforderlichkeit gemeint (sog. intensiver Notwehrexzess); ein noch nicht oder nicht mehr bestehendes Recht kann schon sprachlich nicht „überschritten“ werden. **(dagg.)** Der Wortlaut (Plural) lässt auch eine Überschreitung zeitlicher oder sonstiger Grenzen zu (z.B. der Gebotenheit). – **a.M.:** Auch die Überschreitung der zeitlichen Grenzen der Notwehr wird von § 33 erfasst. **(dagg.)** Bei „vorzeitiger Notwehr“ kommt es nicht mehr zu einer Notwehrlage – da diese vielmehr nur eingebildet ist, handelt es sich nicht lediglich um einen „Notwehrexzess“, sondern um eine von der Vorschrift nicht erfasste „Putativnotwehr“ oder sogar einen „Putativnotwehrexzess“. – **h.M.** differenziert: Auch die zeitliche Überschreitung wird erfasst, allerdings nur der „nachzeitige extensive Notwehrexzess“, weil § 33 auf § 32 aufbaut (und eine Notwehrlage immerhin einmal bestand). **Zur Vertiefung:** *Hillenkamp*, Probleme AT, 12. Problem	2
Reicht das Vorliegen eines asthenischen Affekts (Verwirrung, Furcht, Schrecken) oder muss dieser auch dominant oder bestimmend gewesen sein (Motivbündel)?	– **e.M.:** Es reicht, dass er überhaupt vorliegt und „mitbestimmend“ war. **(dagg.)** ratio legis (Ausscheiden von „sthenischen Affekten“ wie Ärger, Rache etc.) – **a.M.:** Er muss mindestens „bestimmend“ (dominant) gewesen sein. **Zur Vertiefung:** *Roxin*, AT/1, § 22 Rn. 80	3
Greift § 33 auch ein, wenn der Täter die Grenzen der Notwehr bewusst überschreitet?	– **e.M.:** Nein, von einem „Affekt“ kann nur gesprochen werden, wenn die Erregung die Wahrnehmungsfähigkeit tangiert. **(dagg.)** Mit dem Wortlaut ist auch eine bewusste Überschreitung aus Verwirrung, Furcht oder Schrecken vereinbar.	4

		– **h.M.:** Ja. **Zur Vertiefung:** *Beulke*, KK I, Rn. 398 (48. Problem); *Roxin*, AT/1, § 22 Rn. 82 f.; *Stratenwerth/Kuhlen*, AT, § 9 Rn. 98
5	Steht der Anwendung des § 33 entgegen, dass der Täter die Notwehrlage provoziert hat?	– **e.M.:** Ja, so wie bei der Absichtsprovokation (wo mit § 32 schon der Anknüpfungspunkt für § 33 entfällt) kommt § 33 auch bei sonstigen Provokationen nicht zum Zuge. **(arg.)** Wer „provoziert" verdient keine „Entschuldigung". **(dagg.)** Es geht aber um die Entschuldigung der Überschreitung der Erforderlichkeitsgrenze, nicht um die Entschuldigung der Herbeiführung der Notwehrlage. – **a.M.:** Nein, der Wortlaut deckt (mangels einschränkender Klausel wie § 35 I 2) den generellen Ausschluss des § 33 nicht. **Zur Vertiefung:** *Beulke*, KK I, Rn. 400 (49. Problem)

Vor § 34 Notstand

1 **Aufbauschema: Übergesetzlicher Notstand**

I. Objektiver Rechtfertigungstatbestand

1. Notstandslage
2. Notstandshandlung
   a) Handlung nicht gerechtfertigt (§ 34) und nicht entschuldigt (§ 35)
   b) Handlung ist bei ethischer Gesamtbetrachtung das geringere Übel
3. Unzumutbarkeit der Hinnahme der Gefahr

II. Subjektiver Rechtfertigungstatbestand

Handeln zur Abwendung einer schweren Gewissensnot

Aufbauschema: Defensivnotstand, § 228 BGB 2

I. Objektiver Rechtfertigungstatbestand

1. Notstandslage
   a) Notstandsfähiges Rechtsgut
   b) Gefahr, die von fremder Sache ausgeht
   c) Gegenwärtigkeit der Gefahr
2. Notstandshandlung
   a) Rettung durch Beschädigung oder Zerstörung der Sache, von der die Gefahr ausgeht
   b) Erforderlichkeit der Rettung
      aa) Geeignetheit zur Gefahrenabwehr
      bb) Relativ mildestes Mittel
   c) Güter- und Interessenabwägung: Schaden nicht außer Verhältnis zur Gefahr

II. Subjektiver Rechtfertigungstatbestand

Rettungswille

Aufbauschema: Aggressivnotstand, § 904 BGB 3

I. Objektiver Rechtfertigungstatbestand

1. Notstandslage
   a) Notstandsfähiges Rechtsgut
   b) Gefahr für das Rechtsgut
   c) Gegenwärtigkeit der Gefahr
2. Notstandshandlung
   a) Rettung des Rechtsgutes durch Einwirkung auf fremde Sache
   b) Erforderlichkeit der Einwirkung (nicht anders abwendbar)
      aa) Geeignetheit zur Gefahrenabwehr
      bb) Relativ mildestes Mittel
   c) Güter- und Interessenabwägung: drohender Schaden gegenüber Schaden durch Einwirkung unverhältnismäßig

II. Subjektiver Rechtfertigungstatbestand

Rettungswille

§ 34 Notstand

1 **Aufbauschema: Rechtfertigender Notstand, § 34**

I. Objektiver Rechtfertigungstatbestand

1. Notstandslage
   a) Notstandsfähiges Rechtsgut ⇨ *Rn. 3*
   b) Gefahr für das Rechtsgut ⇨ *Rn. 5 f.*
   c) Gegenwärtigkeit der Gefahr ⇨ *Rn. 7*
2. Notstandshandlung
   a) Rettung des Rechtsgutes (durch Opfern eines anderen)
   b) Erforderlichkeit der Rettung (nicht anders abwendbar)
      aa) Geeignetheit der Gefahrabwehr
      bb) Relativ mildestes Mittel
   c) Güter- und Interessenabwägung: Wesentliches Überwiegen des geretteten Gutes ⇨ *Rn. 8*
   d) Angemessenheit, § 34 S. 2 ⇨ *Rn. 9 f.*

II. Subjektiver Rechtfertigungstatbestand

Rettungswille ⇨ *Vor § 32 Rn. 3 ff.*

2	Sind die zivilrechtlichen Notstände (§§ 228, 904 BGB) leges speciales zu § 34 oder nicht?	– **e.M.:** Nein, für den Bereich des Strafrechts geht §34 als „lex specialis“ vor. **(dagg.)** Die zivilrechtlichen Notstände regeln den Fall, dass Sachen in Mitleidenschaft gezogen werden, „spezieller“, indem sie zwischen Defensiv- (§ 228 BGB) und Aggressivnotstand (§ 904 BGB) fein differenzieren. – **h.M.:** Die §§ 228, 904 BGB gehen § 34 als speziellere Regelung vor. **Zur Vertiefung:** MüKo/*Erb*, § 34 Rn. 14; *Wessels/Beulke/Satzger*, Rn. 287
3	Sind auch Rechtsgüter des Staates notstandsfähig?	– **e.M.:** Nein, nur Individualrechtsgüter (kein „Staatsnotstand“). **(dagg.)** Der Gesetzeswortlaut enthält keine solche Einschränkung. – **a.M.:** Ja. **Zur Vertiefung:** *Joecks*, § 34 Rn. 39 ff.

Können derjenige, in dessen Rechtsgüter eingegriffen wird, und derjenige, zu dessen Gunsten der Eingriff erfolgt, dieselbe Person sein?	– **e.M.:** Ja, Wortlaut. **(dagg.)** Dafür ist der Rechtfertigungsgrund der Einwilligung da (Vermeidung der „aufgedrängten Notstandshilfe“). – **a.M.:** Nein. **Zur Vertiefung:** MüKo/*Erb*, § 34 Rn. 30 ff.; Schönke/Schröder/*Perron,* § 34 Rn. 8a; *Wessels/Beulke/Satzger*, Rn. 322	**4**
Kommt es für die Beurteilung der Gefahr auf die Sicht „ex ante“ oder „ex post“ an?	– **e.M.:** Richter betrachten die Lage immer „ex post“. **(dagg.)** Es muss im Moment der Handlung feststehen, ob sie rechtmäßig ist („Notwehrprobe“). – **h.M.:** Entscheidend ist die Sicht „ex ante“ bzw. „ex situatione“. **Zur Vertiefung:** *Kühl,* AT, § 8 Rn. 43; SK/*Günther*, § 34 Rn. 21 f.; *Wessels/Beulke/Satzger*, Rn. 304	**5**
Auf wessen Einschätzung (welche Person) kommt es für die Beurteilung der Wahrscheinlichkeit eines Schadenseintritts an?	– **e.M.:** Auf die Person des Täters, um dessen Strafbarkeit es immerhin geht. **(dagg.)** Der Täter könnte überängstlich sein. – **a.M.:** Auf einen „objektiven Durchschnittsmenschen“. **(dagg.)** Viele Gefahren kann auch ein Durchschnittsmensch kaum beurteilen. – **a.M.:** Auf die des „Fachmanns“, also z.B. des Feuerwehrmanns, des Flugkapitäns etc. **Zur Vertiefung:** *Jakobs*, AT, Rn. 13/13; *Roxin*, AT/1, § 16 Rn. 18	**6**
Ist eine Gefahr schon dann „gegenwärtig“, wenn alsbald Abwehrmaßnahmen ergriffen werden müssen, damit nicht eine akute Gefahr entsteht?	– **e.M.:** Nein, dann ist die Gefahr eben gerade noch nicht gegenwärtig. **(arg.)** Auch § 32 deckt keine „Präventivnotwehr“ gegen künftige Angriffe (s.o. § 32 Rn. 6). **(dagg.)** Bei „Wiederholungsgefahr“ mag zwar noch kein gegenwärtiger Angriff vorliegen, aber schon eine gegenwärtige Gefahr.	**7**

		– **h.M.:** Bei § 34 kann man weniger streng sein als bei § 32 (weil ja noch eine Güterabwägung erforderlich ist); eine Gefahr ist schon dann gegenwärtig, wenn sie sich jederzeit zuspitzen kann (sog. Dauergefahr). **Zur Vertiefung:** *Joecks*, § 34 Rn. 16 ff.; *Wessels/Beulke/Satzger*, Rn. 306 f.
8	Sind in die Güterabwägung sämtliche verletzte Rechtsgüter einzubeziehen oder nur die, die von dem gerade geprüften Tatbestand geschützt werden?	– **e.M.:** Es sind sämtliche Interessen auf beiden Seiten mit einzubeziehen, um sicherzustellen, dass ein Verhalten in der Gesamtbilanz mehr nutzt als schadet (ratio legis). **(dagg.)** Geprüft wird aber einzeln und nacheinander, so dass nur auf die vom jeweiligen Tatbestand geschützten Rechtsgüter abzustellen ist (bei § 223 ist also auf Eingriffsseite nur auf die Körperverletzung und nicht auf die damit einhergehende Sachbeschädigung einzugehen, während auf Erhaltungsseite naturgemäß alle irgendwie betroffenen Interessen zu berücksichtigen sind). – **h.M.:** Es sind nur die (unmittelbar und mittelbar) vom jeweils geprüften Tatbestand geschützten Interessen einzubeziehen. **Zur Vertiefung:** *Beulke*, KK I, Rn. 134 (9. Problem)
9	Ist derjenige gerechtfertigt, der eine strafbare Handlung begeht, weil er dazu genötigt wird (sog. Nötigungsnotstand)?	– **e.M.:** Ja, der Genötigte ist gerechtfertigt, so wie nach der Regelung des § 52 a.F. Woher die Gefahr rührt, ist gleichgültig. **(dagg.)** Dann dürfte sich das Opfer des Genötigten gegen diesen Angriff nicht einmal wehren („Notwehrprobe“). – **h.M.:** Nein, nur entschuldigt nach § 35. **Zur Vertiefung:** *Joecks*, § 34 Rn. 45 ff.; *Wessels/Beulke/Satzger*, Rn. 443

Sind „einsatz- und milieubedingte Straftaten" von verdeckten Ermittlern (§ 110a StPO) gem. § 34 zu rechtfertigen?	– **e.M.:** Nein, § 110c StPO sieht einen Rechtfertigungsgrund nur für das Betreten der Wohnung (§ 123) vor; § 34 vermag staatliche Befugnisse nicht zu erweitern (s.o. § 32 Rn. 19). **(dagg.)** Mit einer „Keuschheitsprobe" könnten Kriminelle eingeschleuste Beamte schnell herausfiltern (§ 110c StPO erlaubt keinen Gegenschluss, weil er nur klarstellt, was ohnehin gilt, nämlich dass auch ein täuschungsbedingtes Einverständnis den Tatbestand ausschließt). – **a.M.:** Ja, § 34 gehört zu den gem. §110c Satz 3 StPO geltenden Rechtsvorschriften; auch Rechtsgüter des Staates sind notstandsfähig (s.o. Rn. 3). **Zur Vertiefung:** *Kühl*, AT, § 8 Rn. 180	10

§ 35 Entschuldigender Notstand

Aufbauschema 1

I. Objektive Voraussetzung

1. Notstandslage
   a) Notstandsfähiges Rechtsgut in Form von Leib, Leben (⇨ *Rn. 2*) oder Freiheit
   b) Gefahr für das Rechtsgut ⇨ *Rn. 4*
   c) Gegenwärtigkeit der Gefahr
   d) Nähebeziehung ⇨ *Rn. 3*
2. Notstandshandlung
   a) Rettung des Rechtsgutes (durch Opfern eines anderen)
   b) Erforderlichkeit der Rettung (nicht anders abwendbar)
      aa) Geeignetheit zur Gefahrabwehr
      bb) Relativ mildestes Mittel
3. Hinnahme der Gefahr nicht zumutbar
   a) Keine Selbstverursachung der Gefahr ⇨ *Rn. 5*
   b) Kein besonderes Rechtsverhältnis mit erhöhter Gefahrtragungspflicht

II. Subjektive Voraussetzung

Rettungswille ⇨ *Rn. 6*

2	Ist ungeborenes Leben schon „Leben“ i.S.d. § 35?	– **e.M.:** Nein, nur eine Vorstufe von Leben und damit „ein anderes Rechtsgut“ i.S.d. § 34, aber nicht „Leben“ i.S.d. § 35. **(dagg.)** Ungeborenes Leben unterfällt dem Schutz des Art. 2 II GG. – **h.M.:** Ja. **Zur Vertiefung:** MüKo/*Müssig*, § 35 Rn. 13; *Satzger*, JuS 1997, 800 ff.
3	Ist der Nasciturus „Angehöriger“ (bzw. „eine andere ihm nahestehende Person“) oder wird er es erst?	– **e.M.:** Nein, der Nasciturus wird erst Person und wird daher mit Recht von der Legaldefinition des § 11 I Nr. 1 nicht erwähnt. **(dagg.)** Art. 2 II GG (s.o. Rn. 2) – **h.M.:** Ja, er ist bereits Angehöriger. **Zur Vertiefung:** *Kudlich*, BT/2, Nr. 35; *Satzger*, JuS 1997, 800 ff.
4	Was bedeutet „Verursachen“ der Gefahr im Sinne des § 35 S. 2?	– **e.M.:** Kausalität i.S.d. Conditio sine qua non-Formel. **(dagg.)** Das geht zu weit. – **h.M.:** Auch hier muss dem Täter die Gefahr (auch) „objektiv zurechenbar“ sein, woran es fehlt, wenn sich der Täter „sozialadäquat“ verhält oder ein „erlaubtes Risiko“ schafft. **Zur Vertiefung:** *Beulke*, KK I, Rn. 131 (7. Problem); *Joecks*, § 35 Rn. 14 f.
5	Darf in Fällen der Notstandshilfe der, der den anderen rettet, die Gefahr nicht „selbst verursacht“ haben oder der, zu dessen Gunsten die Hilfe erfolgt?	– **e.M.:** Es kommt auf den aus der Not Geretteten an; schließlich erfolgt die Hilfe zu seinen Gunsten. **(dagg.)** Vom Standpunkt des helfenden Angehörigen aus ist es gleich, wie die geliebte Person in die Gefahr geraten ist. – **a.M.:** Es kommt auf den Helfer (Täter) an, dieser darf die Gefahr nicht selbst verursacht haben (Gesetzeswortlaut). **(dagg.)** Gerade wenn der Täter die Gefahr für den Angehörigen selbst verursacht hat, wird er sich zur Hilfe gedrängt fühlen.

	– **h.M.:** Entscheidend ist die Zumutbarkeit (die Klausel spielt daher weniger bei der Rettung von Angehörigen als vielmehr bei der Selbstrettung eine Rolle). **Zur Vertiefung:** *Wessels/Beulke/Satzger*, Rn. 441; *Beulke*, KK I, Rn. 132 (8. Problem); *Roxin*, AT/1, § 22 Rn. 50 f.	
Setzt die Entschuldigung nach § 35 ein subjektives Element („Rettungswille“) voraus?	– **e.M.:** Nein, der Wortlaut erfordert es nicht, daher ist es verzichtbar; mit § 34 ist die Lage nicht vergleichbar, da Rechtfertigungsgründe (als quasi negative Tatbestandsmerkmale) natürlicherweise einen objektiven und subjektiven Tatbestand besitzen. **(dagg.)** § 34 und § 35 sind beide Notstände und gleich konstruiert; entscheidend aber ist, dass Schuld stets subjektiv ist. – **h.M.:** Auch hier ist „Rettungswille“ erforderlich (wie bei § 34). **Zur Vertiefung:** *Roxin*, AT/1, § 22 Rn. 32 ff.; *Wessels/Beulke/Satzger*, Rn. 438	6
Ist über die Fälle der §§ 34, 35 hinaus noch ein „übergesetzlicher Notstand“ anzuerkennen?	– **e.M.:** Nein, für eine „übergesetzliche“ Ausnahme ist daneben kein Raum (mehr). **(dagg.)** Der Fall, dass jemand (ein) Menschenleben opfert, um (viele) Menschenleben zu retten, ist noch immer ungeregelt. – **h.M.:** Ja, aber nur in besonderen Ausnahmefällen. **Zur Vertiefung:** *Kühl*, AT, § 12 Rn. 92 ff.	7

§ 52 Tateinheit

Welche Formen der Gesetzeskonkurrenz („Gesetzeseinheit“) gibt es?	– **e.M.:** Von allen Formen der „unechten“ (oder „scheinbaren“) Konkurrenz ist nur die „Spezialität“ anzuerkennen (lex specialis derogat legi generali). **(dagg.)** Neben dem zwingenden, logischen Einschluss ist auch ein wertender Einschluss möglich („typische Begleittat“).	1

		– **h.M.:** Formen der Gesetzeskonkurrenz sind Spezialität (z.B. Qualifikation und Privilegierung), Subsidiarität („ausdrückliche" oder bei Durchgangsstadien etc. „stillschweigende Subsidiarität") und Konsumtion (der „regelmäßiger- oder typischerweise mit verwirklichten" Delikte) sowie „mitbestrafte Vor- und Nachtaten". **Zur Vertiefung:** *Fahl*, JA 1995, 654
2	Können auch nicht strafbare Taten andere verwirklichte Delikte „verdrängen"?	– **e.M.:** Ja, auch das ist denkbar („wertender Einschluss"), z.B. beim Diebstahl der Anstaltskleidung (§ 242) im Zusammenhang mit der straflosen Selbstbefreiung (§ 120). **(dagg.)** Ohne Mitbestrafung in einem anderen Delikt entfällt der innere Grund der Gesetzeskonkurrenz. – **h.M.:** Nein, es gibt keine „straflosen" Vor-, Nach- oder Begleittaten, sondern nur „mitbestrafte". **Zur Vertiefung:** *Jakobs*, AT, Rn. 31/33
3	Wie viel Gewicht muss das „verklammernde Delikt" im Verhältnis zu den zu verklammernden Delikten haben, mit denen es in Tateinheit (§ 52) steht (sog. Klammerwirkung)?	– **e.M.:** Das verklammernde Delikt muss schwerer wiegen als beide zu verklammernden Delikte. **(dagg.)** Das ist zu eng. – **h.M.:** Das Bindeglied (Dauerdelikt) muss wenigstens schwerer wiegen als eines der zu verklammernden Delikte. **Zur Vertiefung:** *Wessels/Beulke/Satzger*, Rn. 780

§ 53 Tatmehrheit

1	Gibt es die „fortgesetzte Tat" noch?	– **e.M.:** Unter folgenden Voraussetzungen handelt es sich nur um eine Tat: 1) gleiches Rechtsgut, 2) bei höchstpersönlichen Rechtsgütern gleicher Rechtsgutsträger, 3) im Wesentlichen gleichartige Begehungsweise,

	4) Gesamt- oder (wenigstens) Fortsetzungsvorsatz (spätestens am Ende des letzen Aktes für den nächsten Akt). **(arg.)** Verfahrensvereinfachung bei Serienstraftaten **(dagg.)** Zugunsten des Täters: Strafrabatt gegenüber § 53; zu Lasten des Täters: Verstoß gegen „in dubio pro reo"; Hinausschieben des Verjährungsbeginns (§ 78a) – **h.M.:** Nein, sofern nicht unumgänglich (Ersatz: großzügige Bildung von tatbestandlichen Handlungseinheiten bei suk zessiver oder iterativer Tatbestandserfüllung sowie von „rechtlichen" und „natürlichen Handlungseinheiten"). **Zur Vertiefung:** *Beulke*, KK III, Rn. 327 (72. Problem)	
Können Verwirklichungen sachlich ganz verschiedener Delikte durch einen einheitlichen Fluchtwillen zu einer „natürlichen Handlungseinheit" verbunden werden (sog. Polizeifluchtfälle)?	– **e.M.:** Ja, bei „natürlicher Betrachtungsweise" erscheinen sie als ein „einheitliches zusammengehöriges Tun". **(dagg.)** Fluchtwille ist kein hinreichend sicheres Abgrenzungskriterium; Gefahr willkürlicher Handhabung – **h.L.:** Nein. **Zur Vertiefung:** *Wessels/Beulke/Satzger*, Rn. 765	2
Liegt eine oder liegen zwei Taten vor, wenn eine (Trunkenheits-) Fahrt ohne Unterbrechung/Aussteigen nach einem Unfall fortgesetzt wird (sog. Zäsurwirkung)?	– **e.M.:** Zwei Taten, der Unfall bildet in jedem Fall eine „Zäsur", weil das Weiterfahren stets einen neuen Vorsatz erfordert. **(dagg.)** Nach „natürlicher Auffassung" und auch sonst (Dauerdelikt) erscheint die (ununterbrochene) Fahrt als ein „einheitliches zusammengehöriges Tun". – **a.M.:** Nur eine Tat. **Zur Vertiefung:** *Wessels/Hettinger*, Rn. 983, 1019, 1025	3

Besonderer Teil

§ 111 Öffentliche Aufforderung zu Straftaten

1	Muss der Täter die Begehung (Vollendung) der anvisierten Taten „beabsichtigt“ haben?	– **e.M.:** Ja, das ist dem Begriff des „Aufforderns“ zu entnehmen. **(dagg.)** Aufforderungstat kann auch ein Versuch sein. – **h.M.:** Nein. **Zur Vertiefung:** Schönke/Schröder/*Eser*, § 111 Rn. 17; SSW/*Fahl*, § 111 Rn. 9.
2	Muss der Vorsatz des Auffordernden die Rechtswidrigkeit (der angesonnenen Tat) einschließen?	– **e.M.:** Nein, es gilt § 17. **(dagg.)** Das gilt aber nur für die rechtliche Bewertung, nicht für tatsächliche Umstände. – **a.M.:** Ja, allerdings muss der Vorsatz lediglich die für die Rechtswidrigkeit maßgeblichen Umstände umfassen. **Zur Vertiefung:** *Kindhäuser*, LPK, § 111 Rn. 12; *Fischer*, § 111 Rn. 6; SSW/*Fahl*, § 111 Rn. 9.
3	Ist § 31 II analog auf § 111 anwendbar?	– **e.M.:** Ja, Gedanke der tätigen Reue. **(dagg.)** Es fehlt eine unbeabsichtigte Lücke. – **a.M.:** Nein, im Übrigen kann eine Gefährdung gar nicht mehr rückgängig gemacht werden. **Zur Vertiefung:** *Kindhäuser*, LPK, § 111 Rn. 19; SSW/*Fahl*, § 111 Rn. 11.
4	Ist eine Teilnahme an § 111 II möglich?	– **e.M.:** Nein, Anstiftung zu einer erfolglosen Aufforderung ist denklogisch nicht möglich. **(dagg.)** Aber Beihilfe ist denkbar.

	– **a.M.:** Ja, nach allgemeinen Regeln (wie auch Teilnahme an § 111 I möglich ist). **Zur Vertiefung:** NK/*Paeffgen*, § 111 Rn. 44 f.; SSW/*Fahl*, § 111 Rn. 12	
Ist derjenige, der die Tat, zu der er aufgefordert hat, selbst begeht, auch nach § 111 zu bestrafen?	– **e.M.:** Ja, wegen des zusätzlichen Rechtsgutes (Schutz des Gemeinschaftsfriedens). **(dagg.)** Es handelt sich um eine mitbestrafte Begleittat. – **h.M.:** Nein, § 111 tritt hinter die andere Tat zurück. **Zur Vertiefung:** LK/*Rosenau*, § 111 Rn. 74; SSW/*Fahl*, § 111 Rn. 14	**5**
Ist zur Verfolgung ein Strafantrag erforderlich, wenn die Tat, zu der aufgefordert wurde, Antragsdelikt ist?	– **e.M.:** Ja, § 111 erweitert nur den Schutz, der durch andere Tatbestände gewährt wird. **(dagg.)** Ein Antragserfodernis besteht bei § 111 nicht (Wortlaut). – **h.M.:** Nein. **Zur Vertiefung:** NK/*Paeffgen*, § 111 Rn. 42; SSW/*Fahl*, § 111 Rn. 15	**6**

§ 113 Widerstand gegen Vollstreckungsbeamte

Aufbauschema **1**

I. Tatbestand

1. Objektiver Tatbestand
   a) Tatobjekt
      aa) Amtsträger oder Soldat der Bundeswehr
      bb) Gleichgestellte Person i.S.d. § 114
   b) Tatsituation: Bei Vornahme einer Diensthandlung
   c) Tathandlung
      aa) Alt. 1: Widerstand leisten mit Gewalt oder Drohung mit Gewalt
      bb) Alt. 2: Tätlicher Angriff
2. Subjektiver Tatbestand
3. Objektive Bedingung der Strafbarkeit ⇨ *Rn. 2*
   Rechtmäßigkeit der Diensthandlung, § 113 III 1 ⇨ *Rn. 3*
   a) Amtsträger sachlich und örtlich zuständig
   b) Wesentlichen Förmlichkeiten eingehalten
   c) Pflichtgemäße Ermessensausübung

II. Rechtswidrigkeit

III. Schuld

1. Allgemeine Schuldmerkmale
2. Schuldausschluss bei irriger Annahme der Rechtswidrigkeit der Diensthandlung, § 113 IV 2, wenn
   a) Irrtum unvermeidbar und
   b) Abwehr durch Rechtsbehelfe unzumutbar

IV. Strafzumessung: Besonders schwere Fälle, § 113 II (Regelbeispiele)

Nr. 1: a) Objektiv
- aa) Alt. 1: Waffe
  Alt. 2: gefährliches Werkzeug
- bb) Beisichführen

b) Subjektiv
- aa) Vorsatz (analog § 15)
- bb) Verwendungsabsicht

Nr. 2: a) Objektiv
- aa) Gewalttätigkeit
- bb) Gefahr des Todes oder schwerer Gesundheitsschädigung für den Angegriffenen

b) Subjektiv
Vorsatz bzgl. Gewalttätigkeit und Gefährdung

2	Ist die Nicht-Rechtmäßigkeit der Diensthandlung i.S.d. § 113 III (bzw. § 136 III) Tatbestandsmerkmal?	– **e.M.:** Ja, da offenbar unrechtskonstitutiv, handelt es sich um ein Tatbestandsmerkmal. **(dagg.)** Der Vorsatz braucht sich aber darauf nicht zu beziehen. – **a.M.:** Nein, sie gehört zur Rechtswidrigkeit (§ 113 III ist ein besonderer Rechtfertigungsgrund). **(dagg.)** § 113 III weist keinerlei subjektives Rechtfertigungselement auf; § 113 IV löst den Irrtum abweichend vom Erlaubnistatbestandsirrtum. – **h.L.:** Es handelt sich vielmehr um eine „objektive Bedingung“ der Strafbarkeit. **Zur Vertiefung:** SK/*Wolters*, § 113 Rn. 22; *Wessels/Hettinger*, Rn. 633

Wann ist die Diensthandlung „rechtmäßig" i.S.d. § 113 III (bzw. § 136 III) 1 und 2?	– **e.M.** (sog. verwaltungsrechtlicher Rechtmäßigkeitsbegriff): bei voller (formeller und materieller) Rechtmäßigkeit **(arg.)** Einheit der Rechtsordnung **(dagg.)** Dann würden selbst kleinste Fehler den Täter begünstigen; das ginge zu weit; außerdem kann kaum ein Bürger das zuverlässig beurteilen. – **a.M.** (sog. vollstreckungsrechtlicher Rechtmäßigkeitsbegriff): Es kommt darauf an, ob gerade die Vollstreckung rechtswidrig ist; das ist nur selten der Fall, z.B. bei „nichtigen" Verwaltungsakten, nicht bei schlicht rechtswidrigen. **(dagg.)** Das ist zu eng. – **h.M.** (sog. strafrechtlicher Rechtmäßigkeitsbegriff): wenn die sachliche und örtliche Zuständigkeit gegeben sind, die wesentlichen Förmlichkeiten eingehalten wurden und eine pflichtgemäße Ermessensausübung vorliegt **Zur Vertiefung:** *Küper*, BT, S. 420 ff.; *Wessels/Hettinger*, Rn. 635 ff.	3
Setzt der tätliche Angriff i.S.d. § 113 I Alt. 2 ein „Widerstandleisten" als Ziel voraus?	– **e.M.:** Ja, die Vorschrift ist teleologisch entsprechend zu reduzieren. **dagg.:** Wortlaut – **h.M.:** nein, § 113 I Alt. 2 ist unabhängig von § 113 I Alt. 1. **Zur Vertiefung:** NK/*Paeffgen*, § 113 Rn. 31; *Wessels/Hettinger,* Rn. 630	4
Kann auf § 240 zurückgegriffen werden, wenn der Täter nicht „mit Gewalt", sondern nur mit einem „empfindlichen Übel" droht?	– **e.M.:** § 240 bleibt anwendbar, zur Vermeidung von Wertungswidersprüchen wird aber § 113 III, IV analog angewandt **dagg.:** Keine „Regelungslücke" – **a.M.:** Da das Gewicht für § 113 nicht ausreicht und § 113 für seinen Anwendungs-	5

	bereich „lex specialis" ist, bleibt das Verhalten straflos. **Zur Vertiefung:** *Hillenkamp*, Probleme BT, 9. Problem; *Wessels/Hettinger,* Rn. 629; *Fahl*, StV 2012, 623.

§ 120 Gefangenenbefreiung

1	Ist „Gefangener" auch, wer gerade Freigang (§ 11 I Nr. 1 StVollzG), Ausgang (§ 11 I Nr. 2 StVollzG) oder Urlaub (§ 13 StVollzG) hat?	– **e.M.:** Ja, Gefangener bleibt Gefangener. **(dagg.)** Solche Gefangenen sind aber schon „befreit". – **a.M.:** Nein, nur wer als Gefangener unter „qualifizierter Aufsicht" steht, kann befreit werden. **(dagg.)** Auch moderne Formen des „offenen" (oder „halboffenen") Vollzugs müssen durch die Vorschrift geschützt werden. – **h.M.** differenziert: bei § 11 I Nr. 1 und 2 StVollzG besteht immerhin überhaupt eine Aufsicht, dort ist auch eine Gefangenenbefreiung möglich; bei § 13 StVollzG nicht. **Zur Vertiefung:** *Joecks*, § 120 Rn. 9 f.
2	Kann auch die Bundesregierung Täter einer Gefangenenbefreiung sein (etwa bei durch Geiselnahme erpressten Freilassungen)?	– **e.M.:** Nein, der „Träger" des Schutzes kann diesen nicht verletzen. **(dagg.)** Wortlaut – **a.M.:** Ja, aber sie handelt u.U. gerechtfertigt (§ 34). **Zur Vertiefung:** *Joecks,* § 120 Rn. 19; *Wessels/Hettinger*, Rn. 655
3	Ist die Teilnahme des Gefangenen an seiner Befreiung strafbar?	– **e.M.:** Ja, eine dem § 258 V entsprechende Regelung fehlt bei § 120. **(dagg.)** Wenn schon die Selbstbefreiung straflos ist, dann erst recht die Teilnahme daran (arg. a fortiori).

	– **a.M.:** Nein, das Rechtsgut ist dem Gefangenen gegenüber auch dann nicht geschützt, wenn dieser einen Dritten anstiftet oder ihm hilft („notwendige Teilnahme“), ihn zu befreien. **Zur Vertiefung:** SSW/*Fahl*, § 120 Rn. 13	
Ist die (notwendig) zusammen mit einer straflosen Selbstbefreiung erfolgte Befreiung eines Mitgefangenen straflos?	– **e.M.:** Ja, das wird ebenfalls vom Grundsatz der Straflosigkeit der Selbstbefreiung erfasst. **(dagg.)** Mit der Straflosigkeit der Selbstbefreiung entfällt auch die Möglichkeit der „Konsumtion“ (gilt z.B. auch für Entwendung von Zellenschlüsseln, Vernichten der Anstaltskleidung etc.). – **a.M.:** Es gibt keine „straflose Begleittat“, sondern nur eine „mitbestrafte“ (s.o. § 52 Rn. 1). **Zur Vertiefung:** SSW/*Fahl*, § 120 Rn. 13 f.	4
Setzen das „Verleiten“ und „Fördern“ voraus, dass es zu einem (Befreiungs-) Erfolg gekommen ist?	– **e.M.:** Nein, es handelt sich um „schlichte Tätigkeitsdelikte“. **(dagg.)** Die Tätigkeitsbeschreibung ändert nichts daran, dass es sich um ein Erfolgsdelikt handelt (und die Quasi-Teilnahmehandlung für den Erfolg kausal geworden sein muss). – **a.M.:** Ja. **Zur Vertiefung:** *Joecks,* § 120 Rn. 3	5
Macht sich derjenige wegen „Förderns“ strafbar, der dem hilft, der einen anderen befreien will?	– **e.M.:** Ja, nach dem Wortlaut ist das möglich. **(dagg.)** Auch Täterschaft durch „Fördern“ setzt Tatherrschaft voraus. – **a.M.:** Nein, als „Fördern“ ist immer nur die letzte „unmittelbare“ Hilfehandlung strafbar (sonst § 27). **Zur Vertiefung:** *Joecks,* § 120 Rn. 21	6

§ 121 Gefangenenmeuterei

1	Wie viele Gefangene sind für eine „Zusammenrottung“ nötig?	– **e.M.:** nur zwei (die Zusammenrottung von einem Gefangenen mit einem Nichtgefangenen reicht aber nicht). **(dagg.)** Zwei sind sprachlich eher ein „Paar“ als eine „Rotte“. – **a.M.:** mindestens drei **Zur Vertiefung:** NK/*Ostendorf,* § 121 Rn. 8
2	Ist ein vollendeter „Ausbruch“ schon dann anzunehmen, wenn das letzte Sachhindernis überwunden wurde oder ist das Verlassen des Anstaltsbereichs erforderlich?	– **e.M.:** Ein vollendeter Ausbruch ist schon dann anzunehmen, wenn das letzte Sachhindernis (Mauer, Zaun etc.) überwunden ist. **(dagg.)** Damit ist aber regelmäßig der Gewahrsam noch nicht aufgehoben. – **a.M.:** Erst wenn der Anstaltsbereich tatsächlich verlassen worden ist. **Zur Vertiefung:** *Joecks,* § 121 Rn. 13 f.
3	Ist eine Gaspistole, deren Gas vorne austritt, eine „Schusswaffe“?	– **e.M.:** Nein, „Waffe“ ist nur das, was dazu bestimmt ist, zu verletzen (nicht zu erschrecken oder zu betäuben etc.). **(dagg.)** Es reicht, dass ein Gegenstand durch einen Lauf getrieben wird, das kann auch Gas sein („Schuss“). – **a.M.:** Eine Gaspistole, bei der vorne Gas austritt (und nicht nur seitlich ausströmt), ist „Schusswaffe“. **Zur Vertiefung:** SSW/*Fahl,* § 121 Rn. 15

§ 123 Hausfriedensbruch

1 **Aufbauschema**

I. Tatbestand

1. Objektiver Tatbestand

a) Tatobjekt i.S.d. § 123 (Wohnung etc.) ⇨ *Rn. 8*

b) Tathandlung

aa) Alt. 1: Eindringen ⇨ *Rn. 3 ff.*

bb) Alt. 2: Sich nicht entfernen ⇨ *Rn. 10*

2. Subjektiver Tatbestand

II. Rechtswidrigkeit („widerrechtlich“ bzw. „ohne Befugnis“)

III. Schuld

IV. Strafverfolgungsvoraussetzung

Strafantrag, § 123 II

Ist „widerrechtlich“ in § 123 I Alt. 1 (bzw. „ohne Befugnis“ in Alt. 2) ein Tatbestandsmerkmal?	– **e.M.:** Ja, zumal ein Handeln „gegen den Willen“ erforderlich sein und ein Einverständnis des Hausrechtsinhabers nicht rechtfertigend, sondern tatbestandsausschließend wirken soll. **(dagg.)** Aber gem. § 34 schließt Not erst die Rechtswidrigkeit und nicht schon den Tatbestand aus. – **h.M.:** Nein, nur der (an sich überflüssige) Hinweis auf die Prüfung auf Rechtswidrigkeitsebene. **Zur Vertiefung:** *Wessels/Beulke/Satzger*, Rn. 135	2
Setzt § 123 ein Handeln „gegen den Willen“ voraus oder reicht ein Handeln „ohne Willen“?	– **e.M.:** Es reicht ein Handeln „ohne Willen“. **(dagg.)** Schon nach dem Wortlaut ist ein „Eindringen“ nur gegen den Willen des Hausrechtsinhabers möglich. – **a.M.:** Es ist ein Handeln „gegen den Willen“ erforderlich. **(dagg.)** Der dem Betreten entgegenstehende Wille braucht aber nicht ausdrücklich geäußert zu werden. – **h.M.** Erforderlich ist ein Handeln gegen den ausdrücklich erklärten oder mutmaßlichen Willen des Berechtigten („gegen oder ohne den Willen“). **Zur Vertiefung:** *Joecks*, § 123 Rn. 21 f.	3
Wirkt die Zustimmung des Hausrechtsinhabers bei § 123 tatbestandsausschließend oder rechtfertigend?	– **e.M.:** „Einwilligung“ **(dagg.)** Bei vorhandener Zustimmung ist schon das Rechtsgut (Hausrecht) nicht berührt.	4

		– **h.M.:** „Einverständnis“ **Zur Vertiefung:** *Wessels/Beulke/Satzger*, Rn. 366 ff.
5	Unter welchen Umständen entfällt das „generelle Zutrittsrecht“ (zu Kaufhäusern, Banken etc.)?	– **e.M.:** Jede böse, insb. „kriminelle“ Absicht lässt das Zutrittsrecht entfallen; kein Hausrechtsinhaber will so etwas dulden. **(dagg.)** Das ist zu weit; „Einverständnis“ bleibt von „Täuschung“ unberührt. – **h.M.:** Es kommt darauf an, ob der Täter schon von seinem äußeren Erscheinungsbild her von dem Personenkreis abweicht, dem das Eintreten generell gestattet ist (z.B. Strumpfmaske). **Zur Vertiefung:** *Beulke*, KK III, Rn. 131 (25. Problem); *Hillenkamp*, Probleme BT, 8. Problem
6	Ist ein Betreten entgegen einem rechtswidrigen, aber für sofort vollziehbar erklärten (§ 80 II Nr. 4 VwGO) Hausverbot strafbar?	– **e.M.:** Nein, die Strafbarkeit setzt ein rechtmäßiges (oder zumindest bestandskräftiges) Hausverbot voraus. **(dagg.)** Auch ein rechtswidriger Verwaltungsakt muss befolgt werden. – **h.M.:** Ja, das Strafrecht ist insoweit streng verwaltungsakzessorisch. **Zur Vertiefung:** *Krey/Heinrich/Hellmann*, BT/1, Rn. 545 f.; *Rengier*, BT/2, § 30 Rn. 21 ff.; SSW/*Fahl*, § 123 Rn. 6
7	Setzt das „Eindringen“ (§§ 123 I, 243 I Nr. 1, 244 I Nr. 3) voraus, dass der Täter mit dem gesamten Körper in den geschützten Raum gelangt, oder genügt ein Körperteil (Fuß in der Tür, Hineinlangen mit dem Arm)?	– **e.M.:** Schon nach dem Wortlaut ist ein „Eindringen“ nur mit dem gesamten Körper möglich (sonst nur Versuch). **(dagg.)** Das engt den Anwendungsbereich zu sehr ein. – **a.M.:** „Eindringen“ kann auch nur mit einem Teil des Körpers erfolgen. **(dagg.)** Das dehnt den Anwendungsbereich zu weit aus. – **h.M.** (vermittelnd): Ein Körperteil genügt, wenn der Täter dabei sein Gewicht derart abstützt, dass er einen Stützpunkt innerhalb des

	geschützten Raumes begründet (sog. Stützpunkttheorie). **Zur Vertiefung:** SSW/*Fahl*, § 123 Rn. 6	
Gehören zur Wohnung (bzw. zu den Geschäftsräumen) auch sog. offene (nicht eingehegte) Zubehörflächen (Vorgärten, Terrassen, Veranden, Lagerplätze etc.)?	– **e.M.:** Ja, so wie auch Außentoiletten (kraft Sachzusammenhangs) dazu gehören. **(dagg.)** Umgehung des Erfordernisses der Umfriedung (Mauern, Zäune, Hecken). – **a.M.:** Nein, sie fallen aber unter das befriedete Besitztum, wenn sie durch äußerlich erkennbare, zusammenhängende Schutzwehren gegen willkürliches Betreten gesichert sind. **Zur Vertiefung:** NK/*Ostendorf*, § 123 Rn. 21; SSW/*Fahl*, § 123 Rn. 2 f.	**8**
Liegt ein „Eindringen" gem. § 123 I Alt. 1 durch Unterlassen (§ 13) vor, wenn ein geschützter Raum nach unvorsätzlichem oder gerechtfertigtem Betreten nicht wieder verlassen wird?	– **e.M.:** Nein, § 123 I Alt. 1 ist durch Unterlassen nicht begehbar; „Eindringen" setzt aktives Tun voraus; bloßes Verweilen soll nach § 123 I Alt. 2 gerade nicht bestraft werden (sondern nur nach „Aufforderung"). **(dagg.)** Gleichstellung von Tun und Unterlassen – **a.M.:** § 123 I Alt. 1 ist durch Unterlassen nur in der Weise begehbar, dass ein Garant eine (zu überwachende) Person nicht am Eindringen hindert. **(dagg.)** Eine Garantenstellung kann sich auch aus Ingerenz ergeben. – **h.M.:** Ja, selbst wenn es an der „Aufforderung" fehlt. **Zur Vertiefung:** *Joecks*, § 123 Rn. 32 f.; SSW/*Fahl*, § 123 Rn. 12	**9**
Genügt für § 123 I Alt. 2 schon die „erste" Aufforderung?	– **e.M.:** Nein, dem Wortlaut nach muss der Täter bei „Aufforderung" bereits „ohne Befugnis verweilen". **(dagg.)** Das wäre eine unnötige Förmelei. – **a.M.:** Ja, bereits die „erste" Aufforderung genügt. **Zur Vertiefung:** SSW/*Fahl*, § 123 Rn. 9	**10**

11	Ist § 123 in mittelbarer Täterschaft begehbar?	– **e.M.:** Nein, es handelt sich um ein sog. eigenhändiges Delikt. **(dagg.)** Das ist nicht einzusehen, z.B. wenn sich ein Rollstuhlfahrer über ein fremdes Grundstück schieben lässt. – **a.M.:** Ja, das ist nicht ausgeschlossen. **Zur Vertiefung:** Schönke/Schröder/*Lenckner*/*Sternberg-Lieben*, § 123 Rn. 35
12	Ist mittäterschaftliche Begehung des § 123 I auch ohne eigenes Betreten denkbar (z.B. durch den ortsabwesenden Bandenchef)?	– **e.M.:** Nein, § 123 ist ebenso wenig mittäterschaftlich begehbar wie in mittelbarer Täterschaft (s.o. Rn. 11) **(dagg.)** § 123 ist kein „eigenhändiges Delikt“; § 25 II ermöglicht die Zurechnung (s.o. zu § 25). – **a.M.:** Ja (sofern man dafür nicht eine Mitwirkung gerade im Ausführungsstadium für nötig hält). **Zur Vertiefung:** SSW/*Fahl*, § 123 Rn. 12

§ 124 Schwerer Hausfriedensbruch

1	Wie viele Personen sind für eine „Menschenmenge“ mindestens erforderlich?	– **e.M.:** fünfzig bis hundert **(dagg.)** Das sind zu viele. – **h.M.:** zehn (bei zwei gegenüberstehenden Parteien reicht ein Zusammenzählen nicht) **Zur Vertiefung:** SSW/*Fahl*, § 124 Rn. 3
2	Genügt es, dass einzelne Personen aus der Menge in die geschützte Räumlichkeit eindringen?	– **e.M.:** Ja, wenn dies vom Willen aller mitgetragen wird (§ 25 II) **(dagg.)** Nach dem Wortlaut muss die Menge eindringen, nicht nur der Täter. – **h.M.:** Die eingedrungenen Personen müssen zahlenmäßig selbst wieder eine Menge bilden. **Zur Vertiefung:** *Kindhäuser*, LPK, § 124 Rn. 5; SSW/*Fahl*, § 124 Rn. 6

Müssen sich die Personen oder Sachen, auf die sich die Absicht bezieht, innerhalb der geschützten Räumlichkeit befinden?	– **e.M.:** Ja, ratio legis. **(dagg.)** Der Wortlaut erzwingt diese Auslegung nicht (Verschanzen um herauszuschießen). – **h.M.:** Nein, die beabsichtigte Gewalttätigkeit darf sich aber nicht in der Gewalttätigkeit beim Eindringen erschöpfen. **Zur Vertiefung:** *Fischer*, § 124 Rn. 10; SSW/*Fahl*, § 124 Rn. 9	**3**

§ 125 Landfriedensbruch

Scheiden „bagatellmäßige" Angriffe (wie das Umstoßen von Gegenständen, Bewerfen mit Tomaten, Eiern und Farbbeuteln) als „Gewalttätigkeit" aus?	– **e.M.:** Ja, mangels besonderer Aggressivität. **(dagg.)** Vom Wortlaut her ist keine Einschränkung vorgesehen. – **a.M.:** Nein. **Zur Vertiefung:** *Kindhäuser*, LPK, § 125 Rn. 4; SSW/*Fahl*, § 125 Rn. 2	**1**
Muss der sich beteiligende Täter selbst Teil der Menge sein, aus der heraus Gewalttätigkeiten begangen werden?	– **e.M.:** Ja, ratio legis (nötig ist eine teleologische Reduktion). **(dagg.)** Dem klaren Wortlaut nach nicht. – **h.M.:** Nein. **Zur Vertiefung:** *Lackner/Kühl*, § 125 Rn. 10; SSW/*Fahl*, § 125 Rn. 7	**2**

§ 125a Besonders schwerer Fall des Landfriedensbruchs

Liegt (insb. beim „aufwieglerischen" Landfriedensbruch) ein Beisichführen der Schusswaffe vor, wenn der Waffenträger nicht selbst Teil der Menge ist (Rundfunkansprache)?	– **e.M.:** Ja, die Schusswaffe kann Mittel des Aufwiegelns oder Argument der Stärke sein (selbst wenn sie unsichtbar bleibt). **(dagg.)** Damit ist (so oder so) keine erhöhte Gefahr verbunden. – **h.M.:** Nein, ratio legis. **Zur Vertiefung:** *Kindhäuser*, LPK, § 125a Rn. 7; SSW/*Fahl*, § 125a Rn. 2	**1**

2	Muss die Gefahr des Todes oder einer schweren Gesundheitsschädigung für eine Person außerhalb der Menge entstanden sein?	– **e.M.:** Nein, dem Wortlaut nach nicht. **(dagg.)** Schutzzweck der Norm – **h.M.:** Ja. **Zur Vertiefung:** SSW/*Fahl*, § 125a Rn. 4
3	Fällt die Begehung von Unterschlagungen unter den Begriff des „Plünderns"?	– **e.M.:** Ja, sofern es unter Ausnutzung der hervorgerufenen Unordnung erfolgt. **(dagg.)** Der „ratio legis" nach sollen nicht jegliche Straftaten darunter fallen, sondern nur Vermögensdelikte, deren Gefahr begangen zu werden sich durch die Unruhe typischerweise erhöht. – **h.M.:** Nein. **Zur Vertiefung:** SSW/*Fahl*, § 125a Rn. 5

§ 126 Störung des öffentlichen Friedens durch Androhung von Straftaten

1	Fallen falsche Bombendrohungen (oder Milzbrandbriefe) unter § 126 II?	– **e.M.:** Nein, wenn schon echte Androhungen (§ 126 I) von noch zu verhindernden Attentaten als „bloße Warnung" ausscheiden, dann auch „falsche Warnungen". **(dagg.)** Auch „Warnungen" fallen unter § 126 I, solange der Täter sich einen Einfluss zuschreibt. – **a.M.:** Nein, weil Bevorstehen heißt, dass die Tat unmittelbar oder in naher Zukunft zu erwarten ist, nicht dass sie schon begangen wurde (Unterschied zu § 145d). **(dagg.)** Die Vollendung der Straftat kann aber auch noch bevorstehen, wenn ein beendeter Versuch schon vorliegt, z.B. tickende Bombe, bereits verschickte Milzbranderreger. – **h.M.:** Ja, das Vortäuschen bloßer Planung reicht aber nicht (wenn sich der Täuschende einen Einfluss auf die Explosion zuschreibt, ist allerdings § 126 I einschlägig;

	§ 126 II greift nur, wenn der Täter die Verwirklichung als – nunmehr – von seinem Einfluss unabhängig hinstellt). **Zur Vertiefung:** SSW/*Fahl*, § 126 Rn. 3	
Muss das Androhen oder Vortäuschen bei § 126 selbst öffentlich geschehen?	– **e.M.:** Ja, die Störung des öffentlichen Friedens setzt voraus, dass dies in der Öffentlichkeit geschieht. **(dagg.)** Wortlaut – **h.M.:** Nein, es genügt, wenn den Umständen nach mit dem Bekanntwerden in der Öffentlichkeit zu rechnen ist, z.B. durch Bericht darüber in den Medien (nicht aber wenn aus polizeitaktischen Gründen mit Geheimhaltung zu rechnen ist). **Zur Vertiefung:** SSW/*Fahl*, § 126 Rn. 4	**2**

§ 127 Bildung bewaffneter Gruppen

Unterfallen Jagd- und Schützenvereine dem Tatbestand (bzw. ist als ungeschriebenes Merkmal in § 127 hineinzulesen, dass die Bewaffnung dem Einsatz gegen Menschen dienen muss)?	– **e.M.:** Nein, die kann der Gesetzgeber nicht gemeint haben (z.B. „befehligt"). **(dagg.)** Dazu bedarf es aber keiner tatbestandlichen Reduktion (und auch nicht der teleologischen Einschränkung, dass die Bewaffnung dem Einsatz gegen Menschen dienen muss). – **a.M.:** Solche Handlungen sind nicht „unbefugt". **Zur Vertiefung:** SSW/*Fahl*, § 127 Rn. 12	**1**
Reicht es für das Sichanschließen, dass eine „Gruppe" durch den Anschluss erst entsteht (bzw. kann eine Gruppe, die noch nicht über Waffen oder andere gefährliche Werkzeuge verfügt, mit Geld oder Waffen „versorgt" werden)?	– **e.M.:** Ja, das muss ausreichen. **(dagg.)** Nach dem Wortlaut („einer solchen Gruppe anschließt" bzw. „sie versorgt") muss die Gruppe schon existieren. – **h.M.:** Nein, es kann sich aber um ein mittäterschaftliches „Bilden" handeln. **Zur Vertiefung:** MüKo/*Schäfer*, § 127 Rn. 28, 32; SSW/*Fahl*, § 127 Rn. 8	**2**

3	„Versorgt“ ein im Wege der Schutzgelderpressung zur Zahlung herangezogenes Verbrechensopfer die Gruppe mit Geld?	– **e.M.:** Ja, dem Wortlaut nach schon. **(dagg.)** Versorgen setzt ein Element der „Freiwilligkeit“ voraus. – **h.M.:** Nein, mangels Freiwilligkeit. **Zur Vertiefung:** *Fischer*, § 127 Rn. 9; Schönke/Schröder/*Lenckner*/*Sternberg-Lieben*, § 127 Rn. 6
4	Ist das Anwerben und Zuführen neuer Mitglieder ein „Unterstützen“?	– **e.M.:** Ja, Versorgen mit Geld und Waffen sind nur Beispiele. **(dagg.)** Unterstützen ist eine verselbständigte Form der Beihilfe, nicht der Anstiftung, und anders als in §§ 129, 129a ist das „Werben“ gerade nicht erwähnt. – **a.M.:** Nein, das wird davon nicht erfasst. **Zur Vertiefung:** NK/*Ostendorf*, § 127 Rn. 15; SSW/*Fahl*, § 127 Rn. 9

§ 129 Bildung krimineller Vereinigungen

1	Fallen mehrere Personen, die planen, gemeinsam ein Abbruchhaus zu besetzen, unter § 129?	– **e.M.:** Ja, ihr Zweck ist die Begehung von Straftaten und sie werden auch nicht von Absatz 2 ausgenommen. **(dagg.)** Die Strafbestimmungen über die bandenmäßige Deliktsverwirklichung sowie Verbrechensverabredung (§ 30 II) würden unterlaufen, wollte man bereits jede gemeinschaftliche Deliktsplanung mehrerer Personen dem § 129 unterwerfen. – **h.M.:** Nein, eine kriminelle Vereinigung setzt daher ein Mehr an personeller Geschlossenheit und Planung voraus. **Zur Vertiefung:** *Kindhäuser*, LPK, § 129 Rn. 8
2	Reicht als Zweck der Vereinigung die Begehung mehrerer Straftaten im Rahmen einer einzigen Aktion (z.B. eines Castortransports)?	– **e.M.:** Nein, die zu begehenden Straftaten müssen in größerem zeitlichen Abstand zueinander stehen, eine einzige Aktion reicht daher nicht (es müssen mindestens weitere solche Aktionen geplant sein). **(dagg.)** „Größerer Abstand“ ist nicht abgrenzbar.

	– **h.M.:** Ja, das reicht bei Vorliegen der übrigen Voraussetzungen aus. **Zur Vertiefung:** *Kindhäuser*, LPK, § 129 Rn. 18	
Setzt das Werben um Mitglieder oder Unterstützer eine bereits bestehende kriminelle Vereinigung voraus?	– **e.M.:** Nein, wie bei § 127. **(dagg.)** Wortlaut (wie bei § 127); Umgehung der Straflosigkeit des erfolglosen Aufforderns zur Gründung. – **h.M.:** Ja, es kann sich aber um eine (strafbare) versuchte oder erfolgreiche „Gründung“ (oder die Anstiftung dazu) handeln. **Zur Vertiefung:** *Kindhäuser*, LPK, § 129 Rn. 34	3
Ist an den Tathandlungen des § 129 (Gründen, Beteiligen, Werben, Unterstützen) Teilnahme (§§ 26, 27) möglich?	– **e.M.:** Nein, die Tathandlungen sind ohnehin schon zur Täterschaft erhobene Fälle von Anstiftung und Beihilfe (wie § 125). **(arg.)** Insb. beim Beteiligen am „Beteiligen“ käme es zu einer unerträglichen Ausdehnung der Strafbarkeit. **(dagg.)** Die Alternative wäre, auch die Unterstützung des Unterstützers als täterschaftliche Begehung (ohne Milderungsmöglichkeit nach § 27 II 2) zu bestrafen. – **a.M.:** Ja, das ist grds. möglich (wie bei § 125). **Zur Vertiefung:** *Kindhäuser*, LPK, § 129 Rn. 43 ff.	4
Setzt die Vorschrift des § 129 VI Nr. 2 eine erfolgreiche Verhinderung voraus?	– **e.M.:** Nein, es reicht eine Offenbarung, die der staatlichen Stelle die Verhinderung ermöglicht („verhindert werden können“). **(dagg.)** Ein „ernsthaftes Bemühen“ genügt nach dem Wortlaut nur für Nr. 1. – **h.M.:** Ja (doch greift bei die Verhinderung ermöglichender Offenbarung § 129 VI Nr. 1 ein). **Zur Vertiefung:** *Fischer*, § 129 Rn. 44 ff; *Kindhäuser*, LPK, § 129 Rn. 50	5

6	Setzt die tätige Reue nach § 129 VI Nr. 2 voraus, dass der Täter sein gesamtes Wissen über alle geplanten Straftaten offenbart?	– **e.M.:** Nein, wenn bei Nr. 1 Alt. 2 schon das Bemühen um Verhinderung nur einer Tat genügt, so stünde das dazu im „Missverhältnis". **(dagg.)** „Tätige Reue" setzt stets „optimales" Bemühen voraus. – **h.M.:** Ja (und da „ernsthaftes Bemühen" ebenfalls stets das „Optimum" erfordert, scheidet auch Nr. 1 Alt. 1 aus, aber nicht Alt. 2). **Zur Vertiefung:** *Fischer*, § 129 Rn. 47

§ 130 Volksverhetzung

1	Sind diskriminierende Ausgrenzungen (z.B. Aufhängen eines Verbotsschildes „Ausländer unerwünscht" im Ladenlokal) strafbar gem. § 130 I Nr. 2?	– **e.M.:** Ja, darin liegt ein Angriff auf die Menschenwürde. **(dagg.)** Nicht jede Beschimpfung soll nach dem Wortlaut des § 130 I Nr. 2 schon ein Angriff auf die Menschenwürde sein. – **a.M.:** Nein, Volksverhetzung greift nicht ein. **Zur Vertiefung:** *Fischer*, § 130 Rn. 12 ff.; *Kindhäuser*, LPK, § 130 Rn. 13

§ 132 Amtsanmaßung

1	Erfasst § 132 (Alt. 2) den Fall, dass der Täter Amtshandlungen vornimmt, bei denen er offen als Privatperson auftritt?	– **e.M.:** Ja, Wortlaut. **(dagg.)** ratio legis – **h.M.:** Nein, § 132 ist restriktiv dahingehend auszulegen, dass der Anschein hoheitlicher Tätigkeit erweckt werden muss. **Zur Vertiefung:** *Fischer*, § 132 Rn. 10
2	Ist die „Unbefugtheit" in den §§ 132, 132a Rechtswidrigkeits- oder Tatbestandsmerkmal?	– **e.M.:** Rechtswidrigkeitsmerkmal, Sprachgebrauch („unbefugt" = „rechtswidrig"). **(dagg.)** Bei Befugnis liegt schon keine Rechtsgutsverletzung vor; ein entsprechender Irrtum ist daher Tatbestandsirrtum.

	– **a.M.:** Tatbestandsmerkmal **Zur Vertiefung:** *Wessels/Hettinger*, Rn. 613, 617

§ 133 Verwahrungsbruch

Aufbauschema 1

I. Tatbestand

1. Objektiver Tatbestand
   a) Tatobjekt
      aa) Schriftstück oder andere bewegliche Sache
      bb) Abs. 1: dienstliche Verwahrung ⇨ *Rn. 2*
      cc) Abs. 2: amtliche Verwahrung von Kirchen etc.
   b) Tathandlung: Zerstören, Beschädigen, Unbrauchbarmachen, der dienstlichen (bzw. amtlichen) Verfügung entziehen ⇨ *Rn. 3*
2. Subjektiver Tatbestand

II. Rechtswidrigkeit

III. Schuld

Beachte: *Qualifikation, § 133 III*

Befinden sich bewegliche Sachen in öffentlichen Sammlungen (Bibliotheken, Museen) in dienstlicher Verwahrung?	– **e.M.:** Ja, es handelt sich um durch einen Hoheitsträger ausgeübten, fürsorglichen Amtsgewahrsam, um die Sache unversehrt zu erhalten und vor unbefugtem Zugriff zu bewahren. **(dagg.)** Das ginge zu weit. – **h.M.:** Nein, daran besteht Besitz, aber noch kein amtlicher Gewahrsam. **Zur Vertiefung:** *Fischer*, § 133 Rn. 7; Schönke/Schröder/*Sternberg-Lieben*, § 133 Rn. 7	2
Sind versteckte Akten oder andere Gegenstände der dienstlichen Verfügung entzogen?	– **e.M.:** Ja, ein „Entziehen" kann auch innerhalb der Amtsräume geschehen. **(dagg.)** Schutzzweck der Vorschrift ist nicht die Bequemlichkeit von Beamten. – **a.M.:** Nein, wenn sie aufgefunden werden können, wenn danach gesucht wird (ebenso bei § 136). **Zur Vertiefung:** *Kindhäuser*, LPK, § 133 Rn. 12; *Wessels/Hettinger*, Rn. 681	3

§ 134 Verletzung amtlicher Bekanntmachungen

1 Fallen auch Schriftstücke offensichtlich verfassungs- oder gesetzeswidrigen Inhalts unter den Tatbestand?	– **e.M.:** Ja, auf den Inhalt des Schriftstücks kommt es nicht an. **(dagg.)** Die bloße Tatsache, dass Beamte oder Behörden Autoren sind, kann den Schutzbereich noch nicht eröffnen. – **h.M.:** Nein, sie fallen nicht in den Schutzbereich des § 134. **Zur Vertiefung:** *Kindhäuser*, LPK, § 134 Rn. 2; Schönke/Schröder/*Sternberg-Lieben*, § 134 Rn. 3

§ 136 Verstrickungsbruch; Siegelbruch

1 **Aufbauschema Verstrickungsbruch, § 136 I**

I. Tatbestand

1. Objektiver Tatbestand
   a) Tatobjekt
      Sache, die gepfändet oder dienstlich in Beschlag genommen ist
   b) Tathandlung
      Zerstören, Beschädigen, Unbrauchbarmachen oder ganz oder teilweise der Verstrickung entziehen ⇨ *Rn. 4*
2. Subjektiver Tatbestand
3. Objektive Bedingung der Strafbarkeit
   Rechtmäßigkeit der Beschlagnahme, § 136 III 1 ⇨ *Rn. 3*

II. Rechtswidrigkeit

III. Schuld

1. Allgemeine Schuldmerkmale
2. Schuldausschluss bei irriger Annahme der Rechtswidrigkeit der Beschlagnahme, § 136 IV i.V.m. § 113 IV 2, wenn
   a) Irrtum unvermeidbar und
   b) Abwehr durch Rechtsbehelfe unzumutbar

IV. Strafwürdigkeit/Strafbedürftigkeit

Strafmilderung/Absehen von Strafe, § 136 IV 1 i.V.m. § 113 IV 1, 2

Aufbauschema Siegelbruch, § 136 II 2

I. Tatbestand

1. Objektiver Tatbestand

a) Tatobjekt

Dienstliches Siegel, das angelegt ist, um Sachen in Beschlag zu nehmen etc.

b) Tathandlung

Beschädigen, Ablösen, Unkenntlichmachen oder Unwirksammachen des Verschlusses ⇨ *Rn. 4*

2. Subjektiver Tatbestand

3. Objektive Bedingung der Strafbarkeit
Rechtmäßigkeit der Anlegung des Siegels, § 136 III 1 ⇨ *Rn. 3*

II. Rechtswidrigkeit

III. Schuld

1. Allgemeine Schuldmerkmale

2. Schuldausschluss bei irriger Annahme der Rechtswidrigkeit der Diensthandlung, § 136 IV i.V.m. § 113 IV 2, wenn

a) Irrtum unvermeidbar und

b) Abwehr durch Rechtsbehelfe unzumutbar

IV. Strafwürdigkeit/Strafbedürftigkeit

Strafmilderung/Absehen von Strafe, § 136 IV 1 i.V.m. § 113 IV 1, 2

Müssen Pfändung oder Beschlagnahme auch materiell wirksam sein?	– **e.M.:** Ja, § 136 III 1. **(dagg.)** Es gilt der sog. strafrechtliche Rechtmäßigkeitsbegriff (s.o. zu § 113). – **h.M.:** Nein, es genügt, dass sie formell wirksam (nicht nichtig) ist. **Zur Vertiefung:** *Fischer*, § 136 Rn. 4; Schönke/Schröder/Sternberg-Lieben, § 136 Rn. 28	3
Kann auch der Gerichtsvollzieher selbst Täter des § 136 sein?	– **e.M.:** Nein, solange er im Rahmen seiner formellen Befugnis handelt. **(dagg.)** Die einmal erfolgte Pfändung darf auch der Gerichtsvollzieher nicht eigenmächtig wieder aufheben. – **h.M.:** Ja, das ist möglich. **Zur Vertiefung:** *Joecks*, § 136 Rn. 4; *Kindhäuser*, LPK, § 136 Rn. 9	4

§ 138 Nichtanzeige geplanter Straftaten

1 **Aufbauschema**

I. Tatbestand

1. Objektiver Tatbestand
   a) Tatsituation
      aa) Vorhaben oder Ausführung
      bb) Katalogtat gem. Abs. 1 bzw. Abs. 2 ⇨ *Rn. 2, 4*
      cc) Glaubhaft erfahren
      dd) Zeitpunkt, zu dem Ausführung oder Erfolg noch abwendbar ⇨ *Rn. 3*
   b) Tathandlung
      aa) Unterlassen der Anzeige ⇨ *Rn. 5 f.*
      bb) An den Bedrohten (nur bei Abs. 1) oder die Behörde
      cc) Rechtzeitig ⇨ *Rn. 7 f.*
2. Subjektiver Tatbestand
   a) Vorsatz bzgl. Tatsituation
   b) Vorsatz oder (Abs. 3) Leichtfertigkeit bzgl. Tathandlung

II. Rechtswidrigkeit

1. Allgemeine Rechtfertigungsgründe
2. Freistellung von Geheimnisträgern (§ 139 III 2, 3) und Geistlichen (§ 139 II)

III. Schuld

1. Allgemeine Schuldmerkmale
2. Bei Leichtfertigkeit: Individuelle/subjektive grobe Sorgfaltspflichtverletzung bei subjektiver Vorhersehbarkeit und Vermeidbarkeit

IV. Strafwürdigkeit/Strafbedürftigkeit

1. Persönliche Strafaufhebungsgründe, § 139 III 1, IV
2. Absehen von Strafe, § 139 I

2	Erfasst § 138 auch die Katalogtat eines Schuldunfähigen?	– **e.M.:** Nein, in der Überschrift und im Text ist von „Straftaten“ die Rede (im Unterschied zu § 140: „rechtswidrige Tat“). **(dagg.)** Durch die Neufassung sollte das nicht geändert werden; § 138 III spricht immerhin von „rechtswidriger Tat“. – **h.M.:** Ja, anders als der untaugliche Versuch, der keine Rechtsgutsgefährdung ent-

	hält, droht durch den Schuldunfähigen eine Rechtsgutsverletzung. **Zur Vertiefung:** *Lackner/Kühl*, § 138 Rn. 2	
Besteht die Anzeigepflicht auch noch, wenn die Katalogtat bereits vollendet ist?	– **e.M.:** Nein, dann kann „der Erfolg" nicht mehr „abgewendet werden". **(dagg.)** ratio legis – **h.M.:** Ja, wenn noch eine Intensivierung des Unrechtserfolgs droht (z.B. Dauerdelikt). **Zur Vertiefung:** *Joecks*, § 138 Rn. 8	**3**
Erfasst § 138 auch die Erlangung von Kenntnis einer bloßen Teilnahme an Katalogtaten?	– **e.M.:** Nein, § 138 meint nur die täterschaftliche Begehung; den eigentlichen Rechtsgutsangriff nimmt der Täter vor; erfährt jemand nur von (dem Vorhaben) der Anstiftung zur Katalogtat so ist noch keine Rechtsgutsgefährdung gegeben. **(dagg.)** Der Wortlaut enthält keine Beschränkung, u.U. kann die Tat nur in diesem frühen Stadium der Vorbereitung (§ 30) überhaupt verhindert werden. – **h.M.:** Ja, § 138 erfasst auch Kenntniserlangung bzgl. Anstiftung oder Beihilfe zu Katalogtaten (meist liegt ohnehin zugleich Kenntnis bzgl. Haupttat vor). **Zur Vertiefung:** *Joecks*, § 138 Rn. 10	**4**
Ist auch der Mittäter oder Beteiligte der Katalogtat anzeigepflichtig?	– **e.M.:** Ja, § 138 erfasst auch Mittäter und Beteiligte der Katalogtat; allerdings ist diese Strafbarkeit „subsidiär". **(dagg.)** Niemand muss sich selbst belasten (nemo tenetur se ipsum accusare). – **h.M.:** Nein, § 138 gilt nur für „fremde" Straftaten. **Zur Vertiefung:** *Joecks*, § 138 Rn. 21 f.	**5**
Entfällt die Anzeigepflicht auch dann, wenn nicht aufzuklären ist, ob der Betreffende Beteiligter ist?	– **e.M.:** Ja, der Betreffende bleibt straflos aufgrund einer (doppelten) Anwendung des Zweifelssatzes. **(dagg.)** Strafbarkeitslücken. Zwischen der Beteiligung und der Nichtanzeige besteht	**6**

		(dennoch) ein normatives Stufenverhältnis mit der Folge, dass bei Unklarheit wegen des minder schweren Delikts zu bestrafen ist. – **a.M.:** Nein, der Betreffende ist strafbar wegen § 138. **Zur Vertiefung:** *Joecks*, § 138 Rn. 31 f.; *Kindhäuser*, LPK, § 138 Rn. 6 f.
7	Setzt „Rechtzeitigkeit" i.S.d. § 138 I eine „sofortige"/„unverzügliche" Anzeige voraus?	– **e.M.:** Ja, der Täter muss stets das „Optimale" zur Verhinderung tun; den Behörden muss noch Zeit bleiben. **(dagg.)** „Unverzüglichkeit" setzt das Gesetz nur in § 138 II voraus, bei § 138 I reicht „Rechtzeitigkeit". – **h.M.:** „Abwarten" ist in engen Grenzen möglich. **Zur Vertiefung:** *Joecks*, § 138 Rn. 17; *Kindhäuser*, LPK, § 138 Rn. 10
8	Was gilt, wenn die Anzeige (nach obigen Maßstäben) nicht „rechtzeitig" erfolgte, aber die Abwendung dennoch gelingt?	– **e.M.:** § 24 ist analog anzuwenden („Tätige Reue"). **(dagg.)** Falls die Abwendung durch die informierte Behörde erfolgte, kann die „Rechtzeitigkeit" nicht ernstlich bestritten werden; falls nicht, ist § 139 IV die „sachnähere" Vorschrift. – **a.M.:** § 139 IV ist analog anzuwenden. **Zur Vertiefung:** *Loos/Westendorf*, Jura 1998, 403

§ 139 Straflosigkeit der Nichtanzeige geplanter Straftaten

1	Muss der Täter bei § 139 III auch ein aussichtsloses Bemühen an den Tag legen?	– **e.M.:** Ja, ein Bemühen kann nur dann als „ernsthaft" angesehen werden, wenn der Täter überhaupt etwas unternimmt, auch etwas Aussichtsloses. **(dagg.)** Das wäre sinnlos. – **h.M.:** Nein, ein Bemühen, das (nach Ansicht des Täters) aussichtslos ist, kann nicht verlangt werden. **Zur Vertiefung:** *Joecks*, § 139 Rn. 10; *Fischer*, § 139 Rn. 6

Greift § 139 III auch ein, wenn nur einer von mehreren an der Katalogtat Beteiligten Angehöriger ist?	– **e.M.:** Nein, Ausnahmevorschriften sind eng auszulegen. **(dagg.)** Die „Konfliktsituation", die zu dem Strafaufhebungs- bzw. sogar Entschuldigungsgrund führt, ist dieselbe, wenn der Täter zugleich einen Angehörigen anzeigen müsste. – **h.M.:** Ja, § 139 III gilt auch, wenn an der Katalogtat neben Angehörigen auch Nicht-Angehörige beteiligt sind. **Zur Vertiefung:** *Joecks*, § 139 Rn. 8	2

§ 142 Unerlaubtes Entfernen vom Unfallort

Aufbauschema 1

I. Tatbestand

1. Objektiver Tatbestand
   - a) Tatsubjekt: Unfallbeteiligter, § 142 V ⇨ *Rn. 12*
   - b) Tatsituation: Unfall im öffentlichen Straßenverkehr ⇨ *Rn. 2 ff.*
   - c) Tathandlung
     - aa) Abs. 1: Entfernen vom Unfallort ⇨ *Rn. 6*
       - (Nr. 1) bei Anwesenheit feststellungsbereiter Personen ohne Feststellungen zu ermöglichen oder
       - (Nr. 2) bei Abwesenheit feststellungsbereiter Personen vor Wartefristablauf
     - bb) Abs. 2: Nicht unverzügliche nachträgliche Ermöglichung von Feststellungen nach Entfernen vom Unfallort ⇨ *Rn. 11*
       - (Nr. 1) nach Ablauf der Wartefrist oder
       - (Nr. 2) nach berechtigtem oder entschuldigtem Entfernen ⇨ *Rn. 7 ff.*
2. Subjektiver Tatbestand

II. Rechtswidrigkeit

III. Schuld

IV. Persönlicher Strafaufhebungsgrund

Tätige Reue, § 142 IV

Ist ein Unfall auf dem Wagendeck einer Fähre während der Überfahrt ein „Unfall im Straßenverkehr"?	– **e.M.:** Ja, Straßenverkehr ist Verkehr mit Kraftfahrzeugen. **(dagg.)** Straßenverkehr ist nur der öffentliche Straßenverkehr.	2

		– **h.M.:** Nein, zum öffentlichen (allgemein zugänglichen) Straßenverkehr gehört das Wagendeck einer Fähre nur (allenfalls), solange ihre Klappe für den Verkehr geöffnet ist. **Zur Vertiefung:** *Joecks*, § 142 Rn. 9 ff.; LK/*Geppert*, § 142 Rn. 17
3	Ist auch das Zusammenprallen zweier Fußgänger ein Unfall?	– **e.M.:** Nein, dem Schutzzweck der Norm nach fallen nur typische mit dem Massenverkehr verbundene Ereignisse darunter. **(dagg.)** Auch Fußgängerverkehr ist Straßenverkehr. – **h.M.:** Ja, erfasst sind alle Arten von Zusammenstößen (Einkaufswagen mit Fahrzeug; Fußgänger untereinander; Inline-Skater und Fußgänger etc.). **Zur Vertiefung:** *Joecks*, § 142 Rn. 14; *Kindhäuser*, LPK, § 142 Rn. 6
4	Ist auch ein vorsätzlich herbeigeführtes Ereignis ein Unfall?	– **e.M.:** Nein, nur unvorsätzliche Ereignisse sind im Wortsinne ein Unfall. **(dagg.)** Die Abgrenzung von (bedingtem) Vorsatz und (bewusster) Fahrlässigkeit ist zu vage, um auch noch über das Vorliegen eines Unfalls zu bestimmen. – **h.M.:** Ja, es genügt, wenn das plötzliche Schadensereignis für eine Seite unerwartet war. **Zur Vertiefung:** *Joecks*, § 142 Rn. 15 f.
5	Liegt ein Unfall vor, wenn Täter aus einem fahrenden Fahrzeug Mülltonnen ergreifen oder Flaschen werfen und damit andere Fahrzeuge (fahrlässig) beschädigen?	– **e.M.:** Ja, es handelt sich um ein mit dem Straßenverkehr ursächlich zusammenhängendes Ereignis. **(dagg.)** Ein solches Verhalten unterscheidet sich aber nicht von gewöhnlichen Sachbeschädigungen (z.B. beim Spielen). – **h.M.:** Nein, erforderlich ist immer ein „verkehrstypischer Zusammenhang“. **Zur Vertiefung:** *Fahl*, JuS 2003, 472

Entfernt sich derjenige vom Unfallort, der wartet bis sich alle feststellungsbereiten Personen entfernt haben?	– **e.M.:** Ja, die Wartepflicht ist kein Selbstzweck; der Schutzzweck der Norm verlangt, dass man sich auch als Unfallbeteiligter zu erkennen gibt. **(dagg.)** Im Gesetz steht „bevor“ und nicht „ohne zuvor“ (Wortlaut). – **h.M.:** Nein, in Betracht kommt aber § 142 II. **Zur Vertiefung:** *Lackner/Kühl*, § 142 Rn. 18; *Wessels/Hettinger*, Rn. 1007	**6**
Entfernt sich derjenige „berechtigt oder entschuldigt“ i.S.d. § 142 II Nr. 2, der ohne seinen Willen (z.B. von der Polizei mitgenommen oder im Krankenwagen) abtransportiert wird?	– **e.M.:** Ja, der Schutzzweck der Norm gebietet das unverzügliche Nachholen der Feststellungen auch dann. **(dagg.)** „Entfernt-Werden“ ist nicht „Sich-Entfernen“. – **h.M.:** Nein, Wortlaut. **Zur Vertiefung:** *Kindhäuser*, LPK, § 142 Rn. 30; *Lackner/Kühl*, § 142 Rn. 12	**7**
Ist unter „berechtigt oder entschuldigt“ auch „unvorsätzlich“ zu verstehen?	– **e.M.:** Ja, der Schutzzweck der Norm erfordert das unverzügliche Nachholen der Feststellungen, sobald der Täter nachträglich Kenntnis erlangt. **(dagg.)** Das wäre eine verbotene Analogie zu Lasten des Täters. – **h.M.:** Nein (es kann aber u.U. ein Fall des § 142 I Nr. 1 gegeben sein). **Zur Vertiefung:** *Beulke*, KK III, Rn. 469 (99. Problem); *Joecks*, § 142 Rn. 67 f.	**8**
Handelt auch derjenige „berechtigt oder entschuldigt“, der sich in einem Erlaubnistatbestandsirrtum befindet?	– **e.M.:** Nein, er handelt nicht „berechtigt“, weil ein Rechtfertigungsgrund in Wahrheit nicht besteht und auch nicht entschuldigt, weil die Tat nach § 16 (analog) als „unvorsätzlich“ gilt. **(dagg.)** Richtigerweise entfällt nicht der Vorsatz, sondern nur der Vorsatzschuldvorwurf (s.o. zu § 16). – **a.M.:** Ja, „entschuldigt“ (und zur nachträglichen Feststellung verpflichtend) ist auch	**9**

		ein Entfernen, bei dem die Vorsatzschuld fehlt. **Zur Vertiefung:** Schönke/Schröder/*Sternberg-Lieben*, § 142 Rn. 55
10	Liegt § 142 II Nr. 2 vor, wenn sich der Täter im Zustand alkoholbedingter Schuldunfähigkeit entfernt?	– **e.M.:** Nein, der Rauschtäter entfernt sich nicht entschuldigt, sondern verwirklicht schuldhaft den § 323a. **(dagg.)** § 323a hat nur „Auffangfunktion"; die Strafbarkeit nach § 323a würde auch dann bestehen, wenn dem Unfallbeteiligten nachträglich Feststellungen unmöglich sind. – **a.M.:** Ja, „entschuldigt" heißt soviel wie „ohne Schuld". **Zur Vertiefung:** *Fahl*, JuS 2005, 1076, 1080; *Kindhäuser*, LPK, § 142 Rn. 27.
11	Hat der Unfallbeteiligte ein Wahlrecht, ob er seiner Pflicht durch Benachrichtigung des Berechtigten oder Mitteilung an eine nahe gelegene Polizeidienststelle nachkommt?	– **e.M.:** Ja, in § 142 III steht beides gleichberechtigt nebeneinander. **(dagg.)** Das Wahlrecht wird durch das Gebot der Unverzüglichkeit begrenzt. – **h.M.:** Nein, der Unfallbeteiligte hat diejenige Möglichkeit zu wählen, die die schnellere Feststellung ermöglicht. **Zur Vertiefung:** *Joecks*, § 142 Rn. 88 f.
12	Ist derjenige „Unfallbeteiligter" i.S.d. § 142 V, der dem Fahrer das Kfz überlassen hat, obwohl er das nicht durfte (z.B. Vater lässt minderjährigen Sohn fahren; Reparateur händigt verkehrsuntüchtiges Fahrzeug aus)?	– **e.M.:** Nein, eine Beteiligung „nur im Vorfeld" des Unfalls genügt nicht. **(dagg.)** Davon steht nichts im Gesetz. – **h.M.:** Ja, sofern er sich zum Zeitpunkt des Unfalls am Unfallort befand (und nicht nur hinzugerufen wurde). **Zur Vertiefung:** *Joecks*, § 142 Rn. 22 f.; *Lackner/Kühl*, § 142 Rn. 4

§ 145d Vortäuschen einer Straftat

Aufbauschema 1

I. Tatbestand

1. Objektiver Tatbestand
   a) Tathandlung
      aa) Abs. 1: Vortäuschen einer
         (Nr. 1) angeblich begangenen rechtswidrigen Tat ⇨ *Rn. 2* oder
         (Nr. 2) des Bevorstehens einer in § 126 I genannten Tat
      bb) Abs. 2: Täuschen über Beteiligten einer
         (Nr. 1) wirklich begangenen rechtswidrigen Tat ⇨ *Rn. 3* bzw.
         (Nr. 2) bevorstehenden, in § 126 I genannten Tat
   b) Täuschungsadressat
      aa) Behörde oder
      bb) zur Entgegennahme von Anzeigen zuständige Stelle
2. Subjektiver Tatbestand
   a) Vorsatz
   b) Kenntnis der Unrichtigkeit (= wider besseres Wissen)

II. Rechtswidrigkeit

III. Schuld

Beachte: *Subsidiaritätsklausel, § 145d I a.E.* ⇨ *Rn. 4*

Ist „Vortäuschen" auch das „Aufbauschen" einer tatsächlich begangenen rechtswidrigen Tat?	– **e.M.:** Ja, jede Verfälschung der Realität ist ein „Vortäuschen" (§ 145d als abstraktes Gefährdungsdelikt). **(dagg.)** Der Strafgrund besteht nur darin, die Polizei vor überflüssigen Ermittlungen zu schützen. – **a.M.:** Nur wenn das begangene Delikt und das vorgetäuschte nicht wenigstens teilweise identisch sind, die Tat dadurch „ein völlig anderes Gepräge" erhält oder wenn aus dem Vergehen ein Verbrechen oder aus einem Antrags- oder Privatklagedelikt ein Offizialdelikt gemacht wird. **(dagg.)** Der überschießende Teil kann trotzdem einen Mehrermittlungsaufwand bedingen. „Gepräge" als Abgrenzungskri-	2

		terium zu unbestimmt. Auch bei Vergehen und selbst bei (relativen) Antragsdelikten gilt das Legalitätsprinzip (dass es in der Praxis häufig nicht eingehalten wird und daher die Rechnung „aufzubauschen“ aufgeht, ist contra legem). – **a.M.:** Nein, denn eine „rechtswidrige Tat“ lag ja tatsächlich vor. **Zur Vertiefung:** *Joecks*, § 145d Rn. 11 ff.; *Wessels/Hettinger*, Rn. 704, 708 ff.
3	Genügt es für eine Strafbarkeit nach § 145d II Nr. 1, wenn der Täter nur irrig glaubt, es läge eine rechtswidrige Tat vor?	– **e.M.:** Im Unterschied zu § 145d I muss die Tat, über deren Beteiligte getäuscht wird, tatsächlich begangen worden sein. **(arg.)** Sonst gibt es auch keinen „Beteiligten“ (Wortlaut). **(dagg.)** Der Wortlaut („zu täuschen sucht“) erfasst auch diesen Fall. – **a.M.:** Es reicht, dass der Täter sich das Vorliegen einer rechtswidrigen Tat bloß vorstellt. **(dagg.)** Zu weit, eine bloß eingebildete Strafbarkeit kann die Polizei nicht zu unnützen Ermittlungen veranlassen. – **a.M.:** Es reicht aber aus, wenn ein tatsächlicher Verdacht (welcher unabhängig vom Vorliegen einer Straftat Anlass zu Ermittlungen bietet) auf eine andere Person umgelenkt wird. **Zur Vertiefung:** *Joecks*, § 145d Rn. 15 f.
4	Ist die Tat i.S.d. Subsidiaritätsklausel des § 145d I, letzter Halbsatz auch dann „mit Strafe bedroht“, wenn der persönliche Strafausschließungsgrund des § 258 VI der Bestrafung nach dieser Vorschrift entgegensteht?	– **e.M.:** Ja, Wortlaut („in § 258 … mit Strafe bedroht ist“ heißt nicht „nach § 258 bestraft wird“). **(dagg.)** Subsidiarität setzt als Konkurrenzform voraus, dass aus dem verdrängenden Delikt bestraft wird. – **h.M.:** Nein, „mit Strafe bedroht“ ist auszulegen wie „bestraft wird“ (auf § 145d sind

	die § 258 V und VI auch nicht analog übertragbar). **Zur Vertiefung:** *Joecks*, § 145d Rn. 33 f.; *Kindhäuser*, LPK, § 145d Rn. 22 f.	
Findet § 158 analoge Anwendung, wenn der Täter die Angaben rechtzeitig berichtigt?	– **e.M.:** Ja, ähnliche Interessenlage. **(dagg.)** Keine Regelungslücke; der Wortlaut ist ausdrücklich auf Aussagedelikte beschränkt. – **h.M.:** Nein. **Zur Vertiefung:** Schönke/Schröder/*Sternberg-Lieben*, § 145d Rn. 24	**5**

§ 146 Geldfälschung

Aufbauschema **1**

I. Tatbestand

1. Objektiver Tatbestand
   a) Tatobjekt
      aa) Falsches Geld (ausländisches: § 152)
      bb) Wertpapiere i.S.d. § 151 (ausländische: § 152)
   b) Tathandlung
      aa) Nr. 1: Nachmachen, Verfälschen
      bb) Nr. 2: Sichverschaffen, Feilhalten
      cc) Nr. 3: Inverkehrbringen als echt ⇨ *Rn. 2*
2. Subjektiver Tatbestand
   a) Vorsatz bzgl. der Merkmale des objektiven Tatbestandes
   b) Absicht (der Ermöglichung) des Inverkehrbringens als echt (nicht bei Nr. 3)

II. Rechtswidrigkeit

III. Schuld

Beachte: *Qualifikation, § 146 II*

Ist die Weitergabe an einen in die Unechtheit Eingeweihten ein Inverkehrbringen „als echt" i.S.d. § 146 I Nr. 3 (und § 147)?	– **e.M.:** Nein, da der Wortlaut ein Inverkehrbringen „als echt" verlangt und die Tathandlung des „Ermöglichens eines solchen Inverkehrbringens" anders als in § 146 I Nr. 1 nicht aufgeführt ist.	**2**

	(dagg.) Die Gesetzesgeschichte zeigt, dass der Gesetzgeber es anders gemeint hat; im Übrigen wäre dann die Weitergabe an einen Eingeweihten Verbrechensteilnahme (§§ 146 I Nr. 3, 27), selbständiges Inverkehrbringen nur Vergehen (§ 147). – **h.M.:** Ja, „Inverkehrbringen" ist auszulegen als „jede Handlung, die Falschgeld aus der Verfügungsgewalt des Täters oder eines Dritten entlässt und einen anderen in die Lage versetzt, mit ihm nach Belieben umzugehen". **Zur Vertiefung:** *Joecks*, § 146 Rn. 13 f.; *Kindhäuser*, LPK, § 146 Rn. 19 ff.; *Wessels/Hettinger*, Rn. 932 ff.

§ 152a Fälschung von Zahlungskarten, Schecks und Wechseln

1 **Aufbauschema**

I. Tatbestand

1. Objektiver Tatbestand
   a) Nr. 1: aa) Tatobjekt: Inländische oder ausländische Zahlungskarte ⇨ *Rn. 2*, Scheck oder Wechsel
   bb) Tathandlung: Nachmachen, Verfälschen ⇨ *Rn. 3*
   b) Nr. 2: aa) Tatobjekt: Falsche inländische oder ausländische Karte oder Scheck oder Wechsel i.S.der Nr. 1
   bb) Tathandlung: Sichverschaffen, Feilhalten, Überlassen oder Gebrauchen ⇨ *Rn. 3*
2. Subjektiver Tatbestand
   a) Vorsatz
   b) Absicht (der Ermöglichung) der Täuschung (bzw. der fälschlichen Beeinflussung einer Datenverarbeitung, § 270) im Rechtsverkehr

II. Rechtswidrigkeit

III. Schuld

Beachte: *Qualifikation, § 152a III*

Meint § 152a I, IV nur Zahlungskarten im sog. Zwei-Partner-System oder sind auch Karten im sog. Drei-Partner-System erfasst?	– **e.M.:** § 152a erfasst im Unterschied zu § 152b nur Zahlungskarten im „Zwei-Partner-System“. **(dagg.)** § 152b ist Qualifikation (Verbrechen) zu § 152a. – **h.M.:** § 152a erfasst sämtliche Zahlungskarten im „Zwei-Partner-“ oder „Drei-Partner-System“, mit oder ohne „Garantie“. **Zur Vertiefung:** *Joecks*, § 152a Rn. 2; SSW/*Wittig*, § 152a Rn. 6	2
Müssen die Tathandlungen (Nachmachen, Verfälschen etc.) sich auf wenigstens zwei Zahlungskarten beziehen?	– **e.M.:** Ja, der Wortlaut spricht von Zahlungskarten (Plural). **(dagg.)** Wer gebraucht (Nr. 2) schon gleichzeitig mehrere Karten. – **h.M.:** Nein, bei § 323c müssen ja trotz Plurals auch nicht mehrere Unglücksfälle gleichzeitig vorliegen. **Zur Vertiefung:** *Joecks*, § 152a Rn. 4 f.	3
Verdrängt § 152a IV (gewerbsmäßige Fälschung von Zahlungskarten) § 267 IV (gewerbsmäßige Urkundenfälschung)?	– **e.M.:** Ja, § 152a ist lex specialis für Zahlungskarten. **(dagg.)** § 152a IV hat keine Versuchsstrafbarkeit und eine niedrigere Strafandrohung als § 267 IV. – **a.M.:** Nein (das gilt nur für § 152a I im Verhältnis zu § 267 I). **Zur Vertiefung:** *Lackner/Kühl*, § 152a Rn. 9; SSW/*Wittig*, § 152a Rn. 24	4
Verdrängt das Gebrauchen i.S.d. § 152a I Nr. 2 auch den § 263 (Betrug)?	– **e.M.:** Ja, § 152a ist auch insoweit lex specialis. **(dagg.)** Auch das Gebrauchen i.S.d. § 267 IV steht mit dem Betrug in Tateinheit. – **a.M.:** Nein, es besteht Tateinheit (§ 52). **Zur Vertiefung:** SSW/*Wittig*, § 152a Rn. 25	5

§ 152b Fälschung von Zahlungskarten mit Garantiefunktion etc.

1 **Aufbauschema**

I. Tatbestand

1. Objektiver Tatbestand
   a) Tatobjekt: Zahlungskarte mit Garantiefunktion (⇨ *Rn. 2*) oder Euroscheckvordruck
   b) Tathandlung: Nachmachen, Verfälschen, Sichverschaffen, Feilhalten, Überlassen, Gebrauchen
2. Subjektiver Tatbestand
   a) Vorsatz
   b) Absicht (der Ermöglichung) der Täuschung (bzw. der fälschlichen Beeinflussung einer Datenverarbeitung, § 270) im Rechtsverkehr

II. Rechtswidrigkeit

III. Schuld

Beachte: *Qualifikation, § 152b II*

2	Ist eine EC-Karte, die z.B. zur Täuschung im elektronischen Lastschriftverfahren nachgemacht, verfälscht usw. wird, (noch) eine „Zahlungskarte mit Garantiefunktion“?	– **e.M.:** Nein, seit Wegfall des Eurocheque-Systems zum 31.12.2001 fehlt der Euroscheckkarte die dort ausdrücklich vorausgesetzte Garantiefunktion (Garantie setzt im Übrigen ein Drei-Partner-System voraus, das beim elektronischen Lastschrifteinzug fehlt). **(dagg.)** „Euroscheckkarten“ sind aber weiterhin in Betrieb („ec“ steht nunmehr für electronic cash) und schutzwürdig. – **h.M.:** Ja, „Euroscheckkarten“ fallen (auch weiterhin) darunter; „Garantie“ ist (nunmehr) untechnisch zu verstehen. **Zur Vertiefung:** *Joecks*, § 152b Rn. 5 f.

§ 153 Falsche uneidliche Aussage

Aufbauschema 1

I. Tatbestand
1. Objektiver Tatbestand
   a) Tatsubjekt: Zeuge oder Sachverständiger
   b) Tathandlung: Falsch aussagen ⇨ *Rn. 2 ff.*
   c) Tatsituation
      aa) Gericht
      bb) Zur eidlichen Vernehmung von Zeugen und Sachverständigen zuständige Stelle
2. Subjektiver Tatbestand

II. Rechtswidrigkeit

III. Schuld

IV. Strafwürdigkeit/Strafbedürftigkeit
1. Aussagenotstand, § 157
2. Berichtigung, § 158

Wann ist eine Aussage „falsch“ iSd §§ 153 ff.?	– **e.M.** (subjektive Theorie): bei Auseinanderfallen von Aussage und Wissen; auf Grund subjektiver Wahrnehmung ist keine objektive Wahrheitswiedergabe möglich. **(dagg.)** Das ist nicht mit § 160 vereinbar. – **a.M.** (Pflichttheorie): bei Verletzung der prozessualen Sorgfaltspflicht **(dagg.)** Sorgfaltspflichtverletzungen begründen Fahrlässigkeit, nicht die „Falschheit“ der Aussage. – **h.M.** (objektive Theorie): bei Auseinanderfallen von Aussage und Wirklichkeit (bei Irrtum greift § 16 I; bei Fahrlässigkeit nur § 161) **Zur Vertiefung:** *Beulke*, KK III, Rn. 520 (113. Problem); *Hillenkamp*, Probleme BT, 10. Problem	2

3	Liegt eine „Falschaussage" vor, wenn eine Person sich aus Eitelkeit „jünger" macht als sie ist?	– **e.M.:** Ja, nach § 68 StPO beginnt die Vernehmung mit den Angaben zur Person (inkl. Alter). **(dagg.)** Dadurch wird das Rechtsgut (Irreleitung der Justiz) aber nicht verletzt. – **a.M.:** Nein, teleologische Reduktion (es sei denn, das Alter spielt auch für die Vernehmung zur Sache, § 69 StPO, eine Rolle). **Zur Vertiefung:** *Wessels/Hettinger*, Rn. 746 ff., 761; SK/*Rudolphi*, Vor § 153 Rn. 22
4	Haben prozessuale Fehler bei der Vernehmung Einfluss auf die Strafbarkeit?	– **e.M.:** Ja, wenn der Verfahrensmangel zur Unverwertbarkeit der Aussage führt, weil dann im Grunde keine Aussage vorliegt. **(dagg.)** unterschiedliche Zwecksetzung von Verfahrensvorschriften und materieller Strafdrohung – **h.M.:** Nein, der Schutz der Rechtspflege vor Irreführung bleibt davon unberührt. **Zur Vertiefung:** *Kindhäuser*, LPK, Vor §§ 153–163 Rn. 13 f.; *Wessels/Hettinger*, Rn. 755
5	Hat, wer eine Person als Zeuge benennt (oder ihre Vernehmung durch wahrheitswidriges Bestreiten veranlasst), eine Garantenstellung dafür inne, dass dieser Zeuge vor Gericht die Wahrheit sagt (Beihilfe durch Unterlassen zu §§ 153, 154, wenn er die Falschaussage nicht verhindert)?	– **e.M.:** Ja, wenn dadurch die Person in die „prozessunangemessene Gefahr" der Falschaussage gebracht wird (z.B. bei Liebesbeziehung). **(dagg.)** Es ist nicht einzusehen, warum für Falschaussage durch Unterlassen nur „gefahrschaffendes Tun" genügen soll, während sonst für „Ingerenz" nur „pflichtwidriges Vorverhalten" in Betracht kommt (s.o. zu § 13). – **h.L.:** Nein, die Aussageperson ist für die Aussage selbst verantwortlich (Eigenverantwortlichkeitsprinzip). **Zur Vertiefung:** *Beulke*, KK III, Rn. 548 (117. Problem); *Joecks*, Vor § 153 Rn. 13 ff.

§ 154 Meineid

Aufbauschema 1

I. Tatbestand

1. Objektiver Tatbestand
   a) Tathandlung
      aa) Falsch schwören ⇨ *Rn. 3*
      bb) Den Eid ersetzende Bekräftigung, § 155 Nr. 1
      cc) Sich berufen auf früheren Eid oder frühere Bekräftigung, § 155 Nr. 2
   b) Tatsituation
      aa) Gericht
      bb) Zur eidlichen Vernehmung von Zeugen und Sachverständigen zuständige Stelle
2. Subjektiver Tatbestand

II. Rechtswidrigkeit

III. Schuld

IV. Strafwürdigkeit/Strafbedürftigkeit

Berichtigung, § 158

V. Strafzumessung

Aussagenotstand, § 157

Beachte: *Fahrlässigkeitsdelikt, § 161*

In welchem Verhältnis stehen die §§ 153, 154 zueinander?	– **e.M.:** Es handelt sich um Delikte eigener Art („sui generis"), die schon den Täterkreis unterschiedlich ziehen. **(dagg.)** Das ändert nichts daran, dass der § 153, sofern es um Zeugen und Sachverständige geht, vollständig in § 154 enthalten ist. – **h.M.:** Zumindest soweit sich der Täterkreis deckt, handelt es sich um Grundtatbestand und Qualifikation (für das Konkurrenzverhältnis folgt daraus „Spezialität"). **Zur Vertiefung:** *Kindhäuser*, LPK, § 154 Rn. 10	2

3	Wann beginnt der Versuch des § 154 im Strafprozess?	– **e.M.:** bereits mit dem Beginn der Aussage **(dagg.)** Die Vereidigung erfolgt erst nach der Vernehmung (§ 59 II 1 StPO). – **a.M.:** mit dem falschen Schwören, d.h. dem Aussprechen der Eidesformel **(dagg.)** Versuch und Vollendung fallen zusammen. – **h.M.:** mit dem Beginn des Sprechens der Eidesformel (§ 64 StPO) **Zur Vertiefung:** *Kindhäuser*, LPK, § 154 Rn. 9
4	Setzt die Strafbarkeit nach § 154 voraus, dass die Vereidigung prozessordnungsgemäß war (z.B. kein Vereidigungsverbot gem. § 60 StPO bestand)?	– **e.M.:** Ja, da die Aussage bei prozessordnungswidriger Vereidigung nicht mehr als eidliche Aussage gewertet werden kann, bleibt es bei der Strafbarkeit nach § 153. **(dagg.)** Der Verstoß gegen Verfahrensvorschriften lässt die materielle Strafbarkeit unberührt (s.o. zu § 153). – **h.M.:** Nein (u.U. greift aber § 154 II ein). **Zur Vertiefung:** *Joecks*, § 154 Rn. 6 f.

§ 157 Aussagenotstand

1	Muss die Gefahr der Bestrafung wirklich bestehen?	– **e.M.:** Ja, die irrige Annahme eines Notstandes ist dem wirklich bestehenden Notstand auch sonst nicht gleich zu achten. **(dagg.)** Nach dem Gesetzeswortlaut kommt es auf das subjektive Vorstellungsbild an („um zu“). – **h.M.:** Nein (das Bestehen eines Verfolgungshindernisses, z.B. die Verjährung, schließt § 157 daher nur aus, wenn es der Täter kennt). **Zur Vertiefung:** *Lackner/Kühl*, § 157 Rn. 7

Genügt es, dass der Täter nicht die Bestrafung überhaupt, sondern nur die nach einem strengeren Gesetz abwenden oder die Strafzumessung günstig beeinflussen will?	– **e.M.:** Nein, Wortlaut. **(dagg.)** Dann müsste man dem Täter raten, gleich so zu lügen, dass jede Bestrafung ausgeschlossen ist. – **h.M.:** Ja, auch hier besteht derselbe Konflikt. **Zur Vertiefung:** Schönke/Schröder/*Lenckner/Bosch*, § 157 Rn. 10	**2**
Ist § 157 (analog) anwendbar, wenn der Täter die Unwahrheit gesagt hat, um die Tat von einer nahestehenden Person abzuwenden?	– **e.M.:** Ja, es besteht dieselbe Konfliktlage wie bei Angehörigen i.S.d. § 11 I Nr. 1. **(dagg.)** Anders als in § 35 wird diese Personengruppe hier nicht erwähnt. – **h.M.:** Nein, Gleichstellung muss dem Gesetzgeber überlassen werden. **Zur Vertiefung:** *Joecks*, § 157 Rn. 7; *Kindhäuser*, LPK, § 157 Rn. 9	**3**
Ist § 157 auch bei selbstverschuldetem Notstand anwendbar (wenn die frühere Falschaussage bereits die Gefahr in sich trug, später erneut falsch aussagen zu müssen)?	– **e.M.:** Nein, § 157 ist eine spezielle Ausprägung von § 35; also gilt auch § 35 I 2. **(dagg.)** Anders als § 35 enthält § 157 eine solche Einschränkung aber nicht. – **h.M.:** Ja, allerdings scheidet eine Falschaussage in derselben Instanz als Vortat des Meineides aus, weil die Gefahr schon vor der Aussage bestanden haben muss und nicht erst durch sie begründet worden sein darf. **Zur Vertiefung:** *Kindhäuser*, LPK, § 157 Rn. 7; Schönke/Schröder/*Lenckner/Bosch*, § 157 Rn. 11	**4**
Steht es § 157 entgegen, dass dem Aussagenden ein Auskunfts- oder Zeugnisverweigerungsrecht gem. §§ 52, 55 StPO zustand?	– **e.M.:** Ja, in diesem Fall besteht kein unauflösbarer Konflikt zwischen Selbstbelastungsfreiheit und Aussagepflicht. **(dagg.)** Laien ist häufig nicht bewusst, dass Berufen auf Zeugnis- oder Auskunftsverweigerungsrechte im Rahmen der Beweiswürdigung nicht negativ bewertet werden darf.	**5**

		– **h.M.:** Nein (selbst dann nicht, wenn sie umfassend belehrt wurden). **Zur Vertiefung:** *Rengier*, BT/2, § 49 Rn. 41; *Wessels/Hettinger*, Rn. 761
6	Erfasst § 157 neben dem wahrheitswidrigen Abstreiten (oder Verschweigen) von Belastendem auch das wahrheitswidrige Vorbringen von Entlastendem?	– **e.M.:** Ja, Vermeidung von Belastung und Entlastung laufen im Ergebnis (Verhinderung von Bestrafung) auf dasselbe hinaus. **(dagg.)** Es macht einen Unterschied, ob man jemanden gerade durch seine Worte belasten muss oder jemandem ein Alibi verschafft. – **h.M.:** Nein. **Zur Vertiefung:** *Lackner/Kühl*, § 157 Rn. 6; *Rengier*, BT/2, § 49 Rn. 47

§ 158 Berichtigung einer falschen Angabe

1	Sind die §§ 157, 158 auf §§ 145d, 164, 257, 258 analog anwendbar?	– **e.M.:** Ja, Absehen von Strafe lediglich bei Aussagedelikten wäre praktisch bedeutungslos, da diese fast immer tateinheitlich mit §§ 145d, 164, 257, 258 begangen werden **(dagg.)** Es besteht keine Regelungslücke. Der Wortlaut ist ausdrücklich auf Aussagedelikte beschränkt. – **h.M.:** Nein. **Zur Vertiefung:** MüKo/*Müller*, § 158 Rn. 31; NK/*Vormbaum*, § 158 Rn. 37
2	Schließt schon die Erstattung einer Anzeige oder die Einleitung einer Untersuchung die Rechtzeitigkeit bei § 158 II aus oder nur das Wissen des Täters darum?	– **e.M.:** Es kommt für den Ausschluss der Rechtzeitigkeit allein auf das objektive Vorliegen dieser Umstände an. **(dagg.)** Es geht, wie bei § 24, darum, ob noch von einer autonomen Entscheidung des Täters gesprochen werden kann. – **a.M.:** Erst die Kenntnis davon schließt die Rechtzeitigkeit aus. **Zur Vertiefung:** *Joecks*, § 158 Rn. 5 f.

Ist Nachteil i.S.d. § 158 II auch ein Nachteil für die Strafverfolgung, z.B. eine ungerechtfertigte Haftentlassung?	– **e.M.:** Ja, „ein anderer“ kann auch der Staat sein. **(dagg.)** Der Nachteil für die Strafverfolgung wird in § 158 II Fall 1 berücksichtigt. – **h.M.:** Nein. **Zur Vertiefung:** Schönke/Schröder/*Lenckner*/*Bosch*, § 158 Rn. 9	3

§ 159 Versuch der Anstiftung zur Falschaussage

Gilt § 159 auch für den untauglichen Versuch (z.B. bei Unzuständigkeit der Stelle i.S.d. §§ 153, 156)?	– **e.M.:** Ja, Wortlaut. **(dagg.)** Da dem Rechtsgut davon keine Gefahr drohen kann, wäre die Bestrafung reines Gesinnungsstrafrecht. – **h.M.:** Nein. **Zur Vertiefung:** *Joecks*, § 159 Rn. 5 f.; *Wessels*/*Hettinger*, Rn. 781	1

§ 160 Verleitung zur Falschaussage

Aufbauschema 1

I. Tatbestand

1. Objektiver Tatbestand
   a) Tatsituation
      aa) Objektive Verwirklichung eines Meineids,
      bb) einer falschen Aussage oder
      cc) einer falschen Versicherung an Eides statt
   b) Tathandlung: Verleiten ⇨ *Rn. 2 f.*
2. Subjektiver Tatbestand

II. Rechtswidrigkeit

III. Schuld

Ist der Täter wegen vollendeter Verleitung zur Falschaussage (§ 160) zu bestrafen, wenn die vermeintlich gutgläubige Beweisperson in Wahrheit bösgläubig ist?	– **e.M.:** Nach allgemeinen Regeln ist der Täter in einem solchen Fall nach §§ 153, 26 zu bestrafen, da der Anstiftervorsatz als „Minus“ im Willen zur mittelbaren Täterschaft enthalten ist (s.o. zu § 25). **(dagg.)** Mit der Bestrafung „gleich einem Täter“ (§ 26) würde die geringere Strafandrohung des § 160 unterlaufen.	2

		– **a.M.:** Es liegt ein vollendetes Verleiten vor; der Täter würde sonst doppelt privilegiert: durch Nichtanwendung der §§ 153, 26 (s.o. zu § 26) und durch Nichtanwendung des § 160. **(dagg.)** Systematisch handelt es sich nicht um vollendete, sondern nur um versuchte mittelbare Täterschaft. – **a.M.:** Es liegt nur ein versuchtes Verleiten vor (strafbar gem. § 160 II); der Versuch „kann" (§ 23 II), muss aber nicht milder bestraft werden. **Zur Vertiefung:** *Joecks*, § 160 Rn. 6 f.; *Beulke*, KK III, Rn. 531 (114. Problem); *Wessels/Hettinger*, Rn. 783
3	Ist der Täter wegen vollendeter Verleitung zur Falschaussage zu bestrafen, wenn die vermeintlich bösgläubige Beweisperson in Wahrheit gutgläubig (unvorsätzlich) handelt (umgekehrter Fall)?	– **e.M.:** Ja, es handelt sich um ein vollendetes Verleiten („bestimmendes Einwirken"). **(arg.)** Bei Verurteilung nur wegen Versuchs würde nicht zum Ausdruck kommen, dass der äußere Erfolg gerade eingetreten ist. **(dagg.)** Wer den Verleiteten für bösgläubig hält, hat nicht Täter-, sondern bloß Anstiftervorsatz. – **a.M.:** Der Täter ist stattdessen wegen vollendeter Anstiftung gem. §§ 153, 26 („Auffangbeteiligungsform") zu bestrafen. **(dagg.)** „Akzessorietät" der Teilnahme (keine Anstiftung ohne Haupttat) – **h.M.:** Der Täter ist wegen versuchter Anstiftung gem. §§ 153, 30 I über § 159 zu bestrafen. **Zur Vertiefung:** *Beulke*, KK III, Rn. 536, 538 (112., 113. Problem)

§ 164 Falsche Verdächtigung

Aufbauschema 1

I. Tatbestand

1. Objektiver Tatbestand
   a) Tathandlung
      aa) Abs. 1: Verdächtigen ⇨ *Rn. 3 ff.*
      bb) Abs. 2: Aufstellen einer sonstigen Behauptung tatsächlicher Art
   b) In Bezug auf einen anderen
   c) Objektive Unrichtigkeit
   d) Adressat
      aa) Behörde
      bb) Zur Entgegennahmen von Anzeigen zuständiger Amtsträger
      cc) Militärischer Vorgesetzter
      dd) Öffentlich
2. Subjektiver Tatbestand
   a) Vorsatz
   b) Kenntnis der Unrichtigkeit (= wider besseres Wissen)
   c) Absicht, ein behördliches Verfahren oder eine andere behördliche Maßnahme herbeizuführen oder fortdauern zu lassen

II. Rechtswidrigkeit ⇨ *Rn. 2*

III. Schuld

Ist eine rechtfertigende Einwilligung des falsch Verdächtigten in seine eigene Strafverfolgung möglich?	– **e.M.:** Ja, die Norm dient dem Schutz des Beschuldigten. **(dagg.)** Systematik: Der die Rechtspflege schützende § 145d ist subsidiär gegenüber § 164. – **a.M.:** Nein, Rechtsgut des § 164 ist ausschließlich der Schutz der Rechtspflege. **(dagg.)** § 164 soll auch den Einzelnen vor ungerechtfertigten staatlichen Maßnahmen in Schutz nehmen. – **h.M.:** Nein, zumindest das Universalrechtsgut (Schutz der staatlichen Rechtspflege) ist für den Einzelnen nicht disponibel. **Zur Vertiefung:** *Joecks*, § 164 Rn. 2; *Wessels/Hettinger*, Rn. 689	2

3	Ist „Verdächtigen" auch das Schaffen einer Verdacht erregenden Beweislage?	– **e.M.:** Nein, das „Aufstellen sonstiger Behauptungen tatsächlicher Art" fällt (nur) unter § 145 II. **(dagg.)** Man kann auch Tatsachen sprechen lassen; der Gegenschluss zu § 145 II ist historisch nicht gewollt. – **h.M.:** Ja, gerade solche Verdächtigungen sind (im Hinblick auf das Rechtsgut) besonders gefährlich. **Zur Vertiefung:** *Wessels/Hettinger*, Rn. 692 ff.
4	Liegt eine falsche Verdächtigung darin, dass der Täter falsche Beweismittel gegen denjenigen vorbringt, der die Tat wirklich begangen hat?	– **e.M.:** Ja, es kommt nicht darauf an, ob der Verdächtigte unschuldig ist, sondern ob die vorgebrachten Tatsachen falsch sind. **(arg.)** Irreführung der Rechtspflege; Schutz des Betroffenen vor manipulierten Strafverfahren **(dagg.)** Individualinteressen sind nicht verletzt, weil der Verdächtigte ja tatsächlich schuldig ist, Interessen der Rechtspflege sind auch nicht verletzt, weil sie ja in die richtige Richtung gelenkt wird. – **h.M.:** Nein (diesbezüglich gilt sogar in dubio pro reo zugunsten des Verdächtigenden. **Zur Vertiefung:** *Joecks*, § 164 Rn. 16 f.; *Schmidt/Priebe*, BT/1, Rn. 1129
5	Macht sich derjenige nach § 164 strafbar, der einen anderen beschuldigt, um den Verdacht von sich abzulenken?	– **e.M.:** Ja, aus dem Selbstbegünstigungsprivileg folgt noch kein Recht zur aktiven Falschbezichtigung. **(dagg.)** Der Täter darf nicht nur seine Täterschaft leugnen, sondern auch die belastenden Konsequenzen benennen, die sich daraus zwangsläufig für einen anderen ergeben. – **a.M.:** Nein (wenn er darüber nicht hinausgeht). **Zur Vertiefung:** *Kindhäuser*, LPK, § 164 Rn. 7 ff.; *Wessels/Hettinger*, Rn. 696 f.

Liegt ein Verdächtigen durch Unterlassen (§ 13) vor, wenn ein Garant durch Vorenthalten richtiger Informationen die Einstellung eines laufenden Verfahrens verhindert?	– **e.M.:** Nein, bloßes Verhindern der Einstellung ist kein „Verdächtigen“. **(dagg.)** Der vorhandene Verdacht wird dadurch aber notwendig „verstärkt“. – **a.M.:** § 164 ist durch Unterlassen sowohl durch Vorenthalten richtiger Informationen als auch in der Weise begehbar, dass der Garant gegen falsche Verdächtigungen Dritter nicht einschreitet. **Zur Vertiefung:** *Kindhäuser*, LPK, § 164 Rn. 17; SK/*Rudolphi*/*Rogall*, § 164 Rn. 17	**6**

§ 168 Störung der Totenruhe

Erfüllt es den Tatbestand, wenn die Klinik, in der der Patient verstorben ist, entgegen dessen erklärtem Willen und dem Willen der Angehörigen, zu Unterrichtszwecken Organe entnimmt?	– **e.M.:** Ja, da Leichenteile keine (verkehrsfähigen) Sachen sind, kann „Gewahrsam“ hier auch nicht i.S. einer tatsächlichen Sachherrschaft verstanden werden, sondern muss i.S. eines „Obhutsverhältnisses“ verstanden werden, welches normativ bei den Angehörigen als den „Berechtigten“ liegt. **(dagg.)** Auch dieses Obhutsverhältnis ist nicht rein „normativ“ i.S. eines Obhuts-„rechts“, sondern (wie bei § 242) „faktisch“ zu verstehen (auf die Begründung neuen Gewahrsams kommt es nach dem Gesetzeswortlaut – anders als bei § 242 – nicht an). – **h.M.:** Nein, der Wille des Verstorbenen, nicht als Unterrichtsobjekt zu dienen, kann die Entnahme nicht zur „unbefugten“ machen, da es nach dem Gesetz allein auf die Wegnahme aus dem Gewahrsam ankommt, und der Wille der Angehörigen ist nicht entscheidend, solange sie nur das Recht haben, den Körper in Gewahrsam zu nehmen, ihn aber bisher nicht in Gewahrsam genommen haben (insoweit besteht eine Gesetzeslücke). **Zur Vertiefung:** *Fischer*, § 168 Rn. 8; *Lackner*/*Kühl*, §168 Rn. 3; Schönke/Schröder/*Lenckner*/*Bosch*, § 168 Rn. 4 ff.	**1**

2	Erfüllt die ungefragte Entnahme von Zahngold nach der Einäscherung den Tatbestand?	– **e.M.:** Ja, den Hinterbliebenen steht am kremierten Zahngold ein vorrangiges Aneignungsrecht zu. **(dagg.)** Asche ist ein staubartiger Verbrennungsrückstand und nicht, was das Feuer unversehrt übersteht. – **h.M.:** Nein, in Betracht kommt aber § 133 I. **Zur Vertiefung:** MüKo/*Hörnle*, § 168 Rn. 11; *Stoffers*, NJW 2012, 1607 f.

§ 173 Beischlaf zwischen Verwandten

1	Ist die Pönalisierung des Beischlafes unter Geschwistern (Inzest) noch verfassungskonform?	– **e.M.:** Nein, Strafrecht ist „ultima ratio". **(dagg.)** Gefahr schwerwiegender Erbschäden. – **h.M.:** Ja. **Zur Vertiefung:** *Fischer*, § 173 Rn. 2

§ 184b Verbreitung, Erwerb und Besitz kinderpornographischer Schriften

1	Ist das Betrachten von Internetseiten mit kinderpornographischem Inhalt nach § 184b IV strafbar?	– **e.M.:** Ja, wegen der automatischen Abspeicherung im Browser-Cache beim Internetsurfen. **(dagg.)** Bloßes Betrachten begründet noch keinen Besitz (Wortlautgrenze). – **a.M.:** Nein (im Übrigen müsste der Täter das erst einmal wissen). **Zur Vertiefung:** *Hörnle*, NStZ 2010, 704

§ 185 Beleidigung

1 **Aufbauschema: § 185 Alt. 1**

I. Tatbestand

1. Objektiver Tatbestand
   a) Tatobjekt: Beleidigungsfähiger Anderer ⇨ *Rn. 6 f.*
   b) Tatsache ⇨ *Rn. 9* oder Werturteil ⇨ *Rn. 3, 5*
   c) Tathandlung: Beleidigung ⇨ *Rn. 2, 4, 8.*
2. Subjektiver Tatbestand

II. Rechtswidrigkeit

1. Allgemeine Rechtfertigungsgründe
2. Wahrnehmung berechtigter Interessen, § 193

III. Schuld

IV. Strafwürdigkeit/Strafbedürftigkeit

Wechselseitige Beleidigungen, § 199

V. Strafverfolgungsvoraussetzung

Strafantrag, § 194

Beachte: *Qualifikation, § 185 Alt. 2 (Tätlichkeit) ⇨ Rn. 10*

Muss der Adressat den ehrenrührigen Sinn verstanden haben?	– **e.M.:** Nein, sinnliche Wahrnehmung reicht, sonst wären Geisteskranke und Kinder schutzlos gestellt. **(dagg.)** Solange die Äußerung von niemandem verstanden wird, ist sie auch nicht geeignet, den Geltungsanspruch von jemandem in Frage zu stellen; Umgehung der Straflosigkeit des Beleidigungsversuchs. – **h.M.:** Ja, andernfalls fehlt der (Kundgabe-) Erfolg. **Zur Vertiefung:** *Joecks*, § 185 Rn. 21 f.; MüKo/*Regge/Pegel*, § 185 Rn. 28	2
Ist die Anrede mit „Du“ eine Beleidigung?	– **e.M.:** Ja, zum Ehranspruch gehört es, „gesiezt“ zu werden. **(dagg.)** Diese Auffassung ist antiquiert. – **h.M.:** „Duzen“ muss heute keine Beleidigung mehr sein (anders selbstverständlich: „Du Sau“). **Zur Vertiefung:** *Kindhäuser*, LPK, § 185 Rn. 6	3
Werden als Beleidigung auch Äußerungen im „engsten Familienkreis“ erfasst?	– **e.M.:** Ja, Selbstzucht ist auch im Kreise der Familie geboten. **(dagg.)** Müsste jedes Wort auf die Goldwaage gelegt werden, wäre ein vertrauensvolles Familienleben kaum möglich. – **h.M.:** Nein, diese sind nicht gegen die „Wertgeltung des Betroffenen in der All-	4

		gemeinheit“ gerichtet (teleologische Reduktion). **Zur Vertiefung:** *Joecks*, Vor § 185 Rn. 31; *Küpper*, BT/1, § 4 Rn. 10
5	Liegt im Machen (oder Ausführen) sexueller Avancen an eine Frau oder ein Kind eine Beleidigung des Ehemannes bzw. der Eltern?	– **e.M.:** Ja, der Täter greift damit auch die Ehre der Angehörigen an. **(dagg.)** Altertümliche Vorstellung; die Beleidigungsdelikte haben auch nicht die Funktion des Lückenbüßers für Sexualdelikte. – **h.M.:** Nein (dagegen kann das Opfer der Avancen beleidigt sein, wenn in der Art der sexuellen Handlungen selbst eine Herabwürdigung liegt). **Zur Vertiefung:** *Joecks*, § 185 Rn. 14 ff.; *Wessels/Hettinger*, Rn. 476 ff.
6	Sind auch Verstorbene „beleidigungsfähig“?	– **e.M.:** Ja, das erfordert der sog. postmortale Persönlichkeitsschutz. **(dagg.)** Die Verunglimpfung des Andenkens Verstorbener ist in § 189 spezieller geregelt. – **h.M.:** Nein, die §§ 185, 186, 187 erfassen nur die Ehre lebendiger Menschen. **Zur Vertiefung:** *Joecks*, Vor § 185 Rn. 15; *Rengier*, BT/2, § 28 Rn. 7
7	Sind auch Personenmehrheiten („Kollektive“) beleidigungsfähig (sog. Kollektivbeleidigung)?	– **e.M.:** Nein, Träger der Grundrechte (Ehre) sind nur natürliche Personen. **(dagg.)** Nach Art. 19 III GG können auch juristische Personen grundrechts- und nach § 194 IV auch Körperschaften beleidigungsfähig sein. – **h.M.:** Ja, Körperschaften (und nicht nur die einzelnen Mitgliedspersonen unter einer „Kollektivbezeichnung“) sind beleidigungsfähig, wenn sie eine rechtlich anerkannte soziale Funktion erfüllen und zu einer einheitlichen Willensbildung fähig

	sind („die Polizei“ wegen der Länderhoheit nicht). **Zur Vertiefung:** *Joecks*, Vor § 185 Rn. 16 ff.; *Wessels/Hettinger*, Rn. 468 ff.	
Ist das einzelne Mitglied einer Gruppe beleidigt, wenn der Täter offen lässt, wer gemeint ist (Beleidigung „unter einer Kollektivbezeichnung“)?	– **h.M.:** Ja, wenn die Gruppe verhältnismäßig klein ist, sind alle beleidigt, selbst wenn der Täter nur ein Mitglied der Gruppe meint. **(dagg.)** nicht abgrenzbar („ein Minister“ von 10? „ein Professor“ von 20?) – **a.M.:** Nein, niemand ist beleidigt, es sei denn, man weiß, wer gemeint ist. **Zur Vertiefung:** *Joecks*, Vor § 185 Rn. 22 ff.; *Kindhäuser*, LPK, Vor §§ 185–200 Rn. 5 ff.; *Wessels/Hettinger*, Rn. 475	**8**
Ist bei einer Beleidigung durch Tatsachenbehauptung die „Unwahrheit“ der behaupteten Tatsache Tatbestandsvoraussetzung?	– **e.M.:** Nein, wie bei § 186 objektive Bedingung der Strafbarkeit. **(dagg.)** Dann müsste es die Strafwürdigkeit unberührt lassen, ob der Vorsatz sich darauf erstreckte oder nicht. – **h.M.:** Ja, wie bei § 187 (d.h. die Unwahrheit muss vom mindestens bedingten Vorsatz umfasst sein). **Zur Vertiefung:** *Joecks*, § 185 Rn. 24 f.; *Kindhäuser*, LPK, § 185 Rn. 8	**9**
Erfordert die Beleidigung mittels einer Tätlichkeit i.S.d. § 185 Alt. 2 eine körperliche Berührung?	– **e.M.:** Nein, der Begriff der „Tätlichkeit“ verlangt „Richtung gegen“, nicht „Einwirkung auf“ den Körper. **(arg.)** Strafgrund der Qualifikation ist nicht der Eingriff in die Körperintegrität, sondern die Kundgabe einer den Betroffenen besonders demütigenden Missachtung. **(dagg.)** Nach Strafbarstellung des Versuchs der einfachen Körperverletzung besteht kein Grund mehr, in solchen Fällen wegen tätlicher Beleidigung zu verurteilen. – **h.M.:** Ja (also: „Anspucken“, nicht: „Ausspucken“). **Zur Vertiefung:** *Joecks*, § 185 Rn. 19; MüKo/*Regge/Pegel*, § 185 Rn. 38	**10**

§ 186 Üble Nachrede

1 **Aufbauschema: § 186 Alt. 1**

I. Tatbestand

1. Objektiver Tatbestand
   a) Tatsache
   b) Verächtlich zu machen oder herabzuwürdigen geeignet
   c) In Beziehung auf einen (beleidigungsfähigen) anderen
   d) Tathandlung: Behaupten oder Verbreiten ⇨ *Rn. 2*
2. Subjektiver Tatbestand
3. Objektive Bedingung der Strafbarkeit
   Nichterweislichkeit der Wahrheit der Tatsache ⇨ *Rn. 3*

II. Rechtswidrigkeit

1. Allgemeine Rechtfertigungsgründe
2. Wahrnehmung berechtigter Interessen, § 193

III. Schuld

IV. Strafwürdigkeit/Strafbedürftigkeit

Wechselseitige Beleidigungen, § 199

V. Strafverfolgungsvoraussetzung

Strafantrag, § 194

Beachte: *Qualifikationen, §§ 186 Alt. 2, 187 HS. 1 Alt. 1; 188 I*

2	Genügt für eine üble Nachrede das Schaffen kompromittierender Sachlagen (Tatsachenmanipulation)?	– **e.M.:** Ja, in einem natürlichen Wortsinn „verbreitet“ auch, wer Tatsachen sprechen lässt. **(dagg.)** Wortlaut („Nachrede“ kommt von „reden“; § 193 spricht von „Äußerungen“, „Rügen“) – **h.M.:** Nein. **Zur Vertiefung:** NK/*Zaczyk*, § 186 Rn. 12; *Streng*, GA 1985, 214
3	Muss der Täter hinsichtlich der Nichterweislichkeit der Wahrheit der ehrenrührigen Tatsache wenigstens sorgfaltswidrig gehandelt haben?	– **e.M.:** Ja, das verlangt das Schuldprinzip. **(dagg.)** § 186 ist kein Fahrlässigkeitsdelikt, sondern ein Vorsatzdelikt (und objektive Bedingungen der Strafbarkeit zeichnen sich gerade dadurch aus, dass sie keine Schuld voraussetzen). – **h.M.:** Nein. **Zur Vertiefung:** *Joecks*, § 186 Rn. 13 f.; *Wessels/Hettinger*, Rn. 500 f.

§ 187 Verleumdung

Aufbauschema: § 187 HS. 1 Alt. 1 1

I. Tatbestand
- 1. Objektiver Tatbestand
  - a) Tatsache
  - b) Unwahr
  - c) Verächtlich zu machen oder herabzuwürdigen geeignet
  - d) In Beziehung auf einen (beleidigungsfähigen) anderen
  - e) Tathandlung: Behaupten oder Verbreiten
- 2. Subjektiver Tatbestand
  - a) Vorsatz
  - b) Kenntnis der Unrichtigkeit (= wider besseres Wissen)

II. Rechtswidrigkeit
- 1. Allgemeine Rechtfertigungsgründe
- 2. Wahrnehmung berechtigter Interessen, § 193 ⇨ *Rn. 2*

III. Schuld

IV. Strafwürdigkeit/Strafbedürftigkeit

Wechselseitige Beleidigungen, § 199

V. Strafverfolgungsvoraussetzung

Strafantrag, § 194

Beachte: *Qualifikationen, §§ 187 HS. 2, 188 II*

Gilt der Rechtfertigungsgrund des § 193 (Wahrnehmung berechtigter Interessen) auch für die Verleumdung?	– **e.M.:** Ja, § 187 ist (wie § 189) in § 193 nicht ausgenommen. **(dagg.)** Die wissentlich falsche Verbreitung verächtlich machender oder herabwürdigender Tatsachen kann nie von berechtigten Interessen gedeckt sein. – **h.M.:** Nein, das ist nicht denkbar. **Zur Vertiefung:** *Joecks*, § 187 Rn. 3	2

§ 189 Verunglimpfung des Andenkens Verstorbener

Wie ist der Täter zu bestrafen, der einen Menschen in Unkenntnis von dessen Tod verunglimpft?	– **e.M.:** Nach § 189. Die §§ 185 und 189 schützen dasselbe Rechtsgut (Ehre), deshalb kann den Täter ein diesbezüglicher Irrtum (auch im umgekehrten Fall der Beleidigung eines vermeintlich Toten) nicht entlasten.	1

	(dagg.) § 189 schützt ein anderes Rechtsgut (Pietätsgefühl der Angehörigen). – **h.M.:** Gar nicht, für § 189 fehlt der Vorsatz und der Versuch bei § 185 ist straflos. **Zur Vertiefung:** *Joecks*, § 189 Rn. 5 f.; *Lackner/Kühl*, § 189 Rn. 4

§ 201 Verletzung der Vertraulichkeit des Wortes

1 **Aufbauschema**

I. Tatbestand

1. Objektiver Tatbestand

   a) Tatobjekt

   Nichtöffentlich gesprochenes Wort eines anderen

   b) Tathandlung ⇨ *Rn. 2*

   aa) Abs. 1 Nr. 1: Aufnehmen auf Tonträger

   bb) Abs. 1 Nr. 2: Gebrauchen oder Dritten zugänglich machen einer Aufnahme i.S. der Nr. 1 ⇨ *Rn. 3*

   cc) Abs. 2 Nr. 1: Abhören mit Abhörgerät ⇨ *Rn. 4 f.*

   dd) Abs. 2 Nr. 2: Öffentliches Mitteilen des nach Abs. 1 Nr. 1 aufgenommenen oder nach Abs. 2 Nr. 1 abgehörten Wortes

2. Subjektiver Tatbestand

3. Objektive Bedingung der Strafbarkeit (bei Abs. 2 Nr. 2)

   Geeignetheit, berechtigte Interessen eines anderen zu beeinträchtigen, § 201 II 2

II. Rechtswidrigkeit

1. Allgemeine Rechtfertigungsgründe

2. Bei Abs. 2 Nr. 2: Wahrnehmung überragend wichtiger Interessen, § 201 II 3

III. Schuld

IV. Strafverfolgungsvoraussetzung

Strafantrag, § 205 I

Beachte: *Qualifikation, § 201 III*

2	Ist die „Unbefugtheit" in § 201 I und II Rechtswidrigkeits- oder Tatbestandsmerkmal?	– **e.M.:** Tatbestandsmerkmal, erforderlich ist ein Handeln „ohne Wissen" des Betroffenen (tatbestandsausschließendes Einverständnis).

	(dagg.) Aber Not schließt gem. § 34 erst die Rechtswidrigkeit und nicht schon den Tatbestand aus. – **h.M.:** Rechtswidrigkeitsmerkmal, es handelt sich nur um den (überflüssigen) Hinweis auf die Prüfung auf Rechtswidrigkeitsebene (inkl. Einwilligung). **Zur Vertiefung:** *Joecks*, § 201 Rn. 6 f.	
Ist eine „so hergestellte Aufnahme" i.S.d. § 201 I Nr. 2 nur eine „unbefugtc"?	– **e.M.:** Nein, „so hergestellt" bezieht sich nur auf die Nr. 1. **(dagg.)** Das Rechtsgut wird nicht schon berührt, wenn eine erlaubte Aufnahme unerlaubterweise weitergegeben wird. – **h.M.:** Ja, die Verweisung bezieht sich auch auf das Merkmal „unbefugt". **Zur Vertiefung:** *Joecks*, § 201 Rn. 9 f.; NK/*Kargl*, § 201 Rn. 12; *Wölfl*, Jura 2003, 742	3
Sind zugelassene übliche Zusatzeinrichtungen (Telefon mit Zweithörer) Abhörgeräte i.S.d. § 201 II Nr. 1?	– **e.M.:** Ja, der Umstand, dass „Abhörgeräte" üblich geworden sind, kann allenfalls im Rahmen der Rechtfertigung (konkludente Einwilligung) Bedeutung erheischen. **(dagg.)** Was legalerweise das „Zuhören" ermöglicht, ist kein Gerät zum „Abhören". – **h.M.:** Nein, gemeint sind nur illegale technische Einrichtungen. **Zur Vertiefung:** *Joecks*, § 201 Rn. 14 f.; Schönke/Schröder/*Lenckner*/*Eisele*, § 201 Rn. 19	4
Ist für dic „Bcstimmung zur Kenntnis" i.S.d. § 201 II Nr. 1 nur auf die akustische Wahrnehmung abzustellen oder auf die inhaltliche Kenntnis (durch Mitschriften, Notizen etc.)?	– **e.M.:** Untcr „Kenntnis" ist nur die Kenntnis des gesprochenen Wortes durch Hören zu verstehen. **(dagg.)** Das betrifft das „Abhören mit einem Abhörgerät", aber nicht die Kenntnis i.S.d. § 201 II Nr. 1. – **a.M.:** Entscheidend ist, ob dem Betreffenden der Wortlaut bekannt werden soll. **(dagg.)** Es macht für die Unberechtigtheit der Kenntnis keinen Unterschied, ob die	5

	Worte wörtlich oder dem Inhalt nach weitergegeben werden sollen (wie bei § 201 II Nr. 2). – **a.M.:** Kenntnis dem Inhalt nach reicht aus. **Zur Vertiefung:** *Joecks*, § 201 Rn. 18 f.; Schönke/Schröder/*Lenckner*/*Eisele*, § 201 Rn. 21

§ 201a Verletzung des höchstpersönlichen Lebensbereichs etc.

1	Ist „unbefugt" in § 201a I Rechtswidrigkeits- oder Tatbestandsmerkmal?	– **e.M.:** Tatbestandsmerkmal **(dagg.)** Wie bei § 201 (s.o. § 201 Rn. 2) auch nur ein (überflüssiger) Hinweis auf die Rechtswidrigkeitsprüfung. – **h.M.:** Rechtswidrigkeitsmerkmal (anders bei § 201a III: „wissentlich unbefugt") **Zur Vertiefung:** *Kindhäuser*, LPK, § 201a Rn. 10
2	Ist auch das Abspielen einer Bildaufnahme durch den Täter selbst ein „Gebrauchen" i.S.d. § 201a II?	– **e.M.:** Nein, der Täter selbst ist nur wegen Herstellens nach § 201a I strafbar. **(dagg.)** Für das „Gebrauchen" macht es keinen Unterschied, wer (der Täter oder ein Dritter) die Aufnahme betrachtet. – **h.M.:** Ja. **Zur Vertiefung:** *Kindhäuser*, LPK, § 201a Rn. 8; *Lackner*/*Kühl*, § 201a Rn. 6

§ 202 Verletzung des Briefgeheimnisses

1 **Aufbauschema**

I. Tatbestand

1. Objektiver Tatbestand
   a) Tatobjekt
      aa) Brief (Abs. 1), Schriftstück (Abs. 1, ⇨ *Rn. 3*) oder Abbildung (Abs. 3)
      bb) Verschlossen
      cc) Nicht zur Kenntnis bestimmt
   b) Tathandlung
      aa) Abs. 1 Nr. 1: Öffnen

bb) Abs. 1 Nr. 2: Kenntnis verschaffen ohne Öffnung unter Anwendung technischer Mittel ⇨ *Rn. 2*

cc) Abs. 2: Kenntnis verschaffen nach Öffnung eines verschlossenen Behältnisses, das gegen Kenntnisnahme besonders sichert

2. Subjektiver Tatbestand

II. Rechtswidrigkeit

(„unbefugt")

III. Schuld

IV. Strafverfolgungsvoraussetzung

Strafantrag, § 205 I 1

Beachte: *Subsidiaritätsklausel, § 202 I a.E.*

Setzt „Kenntnisverschaffen" i.S.d. § 202 I Nr. 2 voraus, dass der Täter das Schriftstück zumindest teilweise gelesen (und verstanden) hat?	– **e.M.:** Ja, unter Kenntnisverschaffung ist hier gerade Lesen gemeint. **(dagg.)** Es muss ausreichen, wenn der Täter nur erfährt, welche oder dass eine Fremdsprache verwendet wird. – **h.M.:** Es reicht visuelle Wahrnehmung. **Zur Vertiefung:** *Joecks*, § 202 Rn. 8 f.; *Kindhäuser*, LPK, § 202 Rn. 10	**2**
Werden von § 202 auch solche Schriftstücke erfasst, denen jeder Persönlichkeitsbezug fehlt (Werbepost)?	– **e.M.:** Nein, angesichts der Ultima-ratio-Funktion des Strafrechts ist eine restriktive Auslegung geboten. **(dagg.)** Für einen Spion kann auch interessant sein, welche Werbe- oder Behördenpost etc. einer erhält. – **a.M.** Ja, möglich ist aber eine konkludente oder mutmaßliche Einwilligung (bzw. Einverständnis) etc. **Zur Vertiefung:** *Kindhäuser*, LPK, § 202 Rn. 3	**3**
In welchem Konkurrenzverhältnis stehen Brieföffnung (§ 202 I Nr. 1) und die damit einhergehende Sachbeschädigung am Umschlag?	– **e.M.:** Tateinheit (§ 52). **(dagg.)** Das Delikt wird aber regelmäßig mitverwirklicht. – **a.M.:** Gesetzeskonkurrenz in Form der „Spezialität" **(dagg.)** Man kann einen verschlossenen Brief (ungeachtet § 202 I Nr. 2) auch öff-	**4**

	nen, ohne den Umschlag dabei zu beschädigen. – **h.M.:** Konsumtion („mitbestrafte Begleittat“). **Zur Vertiefung:** *Fahl*, JA 1995, 654, 658; *Joecks*, § 202 Rn. 15

§ 202a Ausspähen von Daten

1 **Aufbauschema**

I. Tatbestand

1. Objektiver Tatbestand
   a) Tatobjekt
      aa) Daten
      bb) Nicht für den Täter bestimmt
      cc) Gegen unberechtigten Zugang besonders gesichert
   b) Tathandlung
      Sich oder einem anderen Zugang verschaffen unter Überwindung der Zugangssicherung ⇨ *Rn. 2 f.*
2. Subjektiver Tatbestand

II. Rechtswidrigkeit („unbefugt“)

III. Schuld

IV. Strafverfolgungsvoraussetzung

Strafantrag, § 205 I 2

2	Handelt derjenige tatbestandsmäßig, der ein Programm zwar nutzen, sich aber nicht die dem Programm zugrunde liegenden Daten verschaffen darf?	– **e.M.:** Nein, wer Daten (Programme) gekauft hat oder sonst nutzen darf, muss sie sich nicht mehr verschaffen. **(dagg.)** Das Recht zur Anwendung eines Programms schließt noch nicht das Recht ein, sich das Wissen um den Ablauf des Programms zu verschaffen. – **h.M.:** Ja, sofern diese Daten nur „besonders gesichert“ sind. **Zur Vertiefung:** *Lackner/Kühl*, § 202a Rn. 3

Verschafft sich derjenige Daten i.S.d. § 202a, der sich in einen Computer „einhackt“?	– **e.M.:** Ja, schon das Ansehen solcher Informationen ist „Sichverschaffen“. **(dagg.)** Der Gesetzgeber wollte das bloße „Hacken“ nicht erfassen. – **a.M.:** Nein. **Zur Vertiefung:** *Kindhäuser*, LPK, § 202a Rn. 6	3

§ 202c Vorbereiten des Ausspähens und Abfangens von Daten

Aufbauschema 1

I. Tatbestand

1. Objektiver Tatbestand
   a) Tatobjekt
      aa) Nr. 1: Passwort oder Sicherheitscode
      bb) Nr. 2: Computerprogramm zum Zweck der Begehung einer Straftat nach § 202a oder § 202b
   b) Tathandlung
      Vorbereitung durch Herstellen, Sichverschaffen, Verkaufen, Überlassen, Verbreiten, Zugänglich machen ⇨ *Rn. 2*
2. Subjektiver Tatbestand
   a) Vorsatz
   b) Tatentschluss bzgl. Begehung von § 202a oder § 202b

II. Rechtswidrigkeit („unbefugt“)

III. Schuld

IV. Persönlicher Strafaufhebungsgrund

Tätige Reue, § 202c II i.V.m. § 149 II, III

Ist § 202c verfassungswidrig?	– **e.M.:** Ja, er setzt zahlreiche legale und nützliche Programme der Gefahr der Strafbarkeit aus. **(dagg.)** Für Computerprogramme, deren Zweck die Begehung solcher Taten sein kann, aber auch ein anderer (sog. Dual-Use-Tools) lässt sich der Tatbestand teleologisch reduzieren; außerdem ist selbst das Verschaffen usw. von „Schadsoftware“ nur dann strafbar, wenn ein Tatentschluss	2

	zur Begehung von § 202a oder § 202b gefasst wurde. – **h.M.:** Nein, bei verfassungskonformer Auslegung nicht. **Zur Vertiefung:** SSW/*Bosch*, § 202c Rn. 3

§ 203 Verletzung von Privatgeheimnissen

1 **Aufbauschema**

I. Tatbestand

1. Objektiver Tatbestand
   a) Tauglicher Täter
      aa) Abs. 1 Nr. 1–6
      bb) Abs. 2 Nr. 1–6
      cc) Abs. 3
   b) Geheimnis ⇨ *Rn. 3*
   c) Fremd
   d) Anvertraut oder sonst bekannt geworden
   e) Tathandlung: Offenbaren (nach dem Tod des Betroffenen: § 203 IV) ⇨ *Rn. 2*
2. Subjektiver Tatbestand

II. Rechtswidrigkeit („unbefugt")

1. Allgemeine Rechtfertigungsgründe
2. Rechtfertigung durch Anzeigepflicht, § 138 (i.V.m. § 139)

III. Schuld

IV. Strafverfolgungsvoraussetzung

Strafantrag, § 205 I 1

Beachte: *Qualifikation, § 203 V*

2	Ist „unbefugt" Rechtswidrigkeits- oder Tatbestandsmerkmal?	– **e.M.:** Tatbestandsmerkmal **(dagg.)** Es verhält sich wie bei § 201 (s.o.). – **h.M.:** Bloßer (überflüssiger) Hinweis auf die Rechtswidrigkeitsebene. **Zur Vertiefung:** *Joecks*, § 203 Rn. 24, § 201 Rn. 6 f.

Unterfallen auch personenbezogene Informationen, die nicht den Mandanten, Patienten etc., sondern einen Dritten betreffen (sog. Drittgeheimnis), der Schweigepflicht des § 203?	– **e.M.:** Nein, zwischen dem Täter und dem, den das Geheimnis betrifft, muss eine konkrete Sonderbeziehung bestehen (Drittgeheimnisse sind danach nur geschützt soweit sie auch Geheimnisse der anvertrauenden Person sind). **(dagg.)** Entscheidend ist nicht das Bestehen einer Sonderbeziehung, sondern dass dem Täter das Geheimnis in untrennbarem Zusammenhang mit der beruflichen Tätigkeit erfährt. – **h.M.:** Dem Schutz des § 203 unterfallen auch Tatsachen über (den Patienten, Mandanten oder) Dritte, die dem Täter kraft (nicht nur anlässlich) seiner Berufsausübung bekannt geworden sind. **Zur Vertiefung:** *Fischer*, § 203 Rn. 9 f.; *Kindhäuser*, LPK, § 203 Rn. 5	**3**

Stichwortverzeichnis

Nachweise beziehen sich auf Paragraph.Randnummer.